绿色发展理念的经济学解读

汪 浩 崔卫国 著

人民出版社

序

新观点、新方法的集中体现

2005 年 8 月 15 日,在浙江安吉余村,时任浙江省委书记的习近平同志创造性地提出"绿水青山就是金山银山"理念。如今,"绿水青山就是金山银山"理念对我国生态文明建设正在产生广泛而深刻的影响。适逢湖州师范学院汪浩和崔卫国二位老师撰写的《绿色发展理念的经济学解读》一书出版,检读之中,感到颇有新意。认为是书之"新",乃"新"在新观点和新方法两个方面。

一、新观点

自从习近平总书记提出"绿水青山就是金山银山"理念以来,学界与各地方、各部门在理论和实践上都有了长足的思考与认识。在学习和交流中,有的将之概括为"两山理论",有的将之概括为"生态文明理念",还有的将专门研究机构名之以"两山学院",将相关干部学校命名为"生态文明学校",还有人提出进一步的认识,提出"将绿水青山转化为金山银山"等等,不一而足。有鉴于此,本书作者提出了自己的认识。作者认为,习近平总书记将"绿水青山就是金山银山"理念总结为三句话,"两山理论"的提法只强调了第一句"既要绿水青山，又要金山银山"，而忽略了第二句"宁要绿水青山，不要金山银山"和第三句"绿水青山就是金山银山"。其实，第二句和第三句比第一句更重要，第一句是个铺垫，第二句深入了一步，第三句才是实质。所以，与其说是"两山"，不如说是"一山"，即"绿水青山"一个山，因为它本身就是"金山银山"。

用"生态文明"概念，对"绿水青山就是金山银山"理念加以概括，在作者看来似有未当。作者认为，"绿水青山就是金山银山"包含两层含义：一层是"绿水青山"，这是生态文明；一层是"金山银山"，这是物质文明。"绿水青山就是金山银山"是生态文明和物质文明的统一体，两个文明一个都不能少。仅仅将它归结为生态文明，就好比一个人只用一条腿走路，是走不远的。只有将生态文明和物质文明结合起来，两条腿走路，才能行稳致远。

至于"把绿水青山转化成金山银山"的提法，在作者看来也不够妥贴。作者认为，这种"转化论"显然和习近平总书记的"就是论"是有差异的。把一种东西"转化"成另一种东西，必然伴随着前一种东西的消失和后一种东西的产生，例如水转化成冰，意味着水消失了冰产生了。把"绿水青山转化成金山银山"，岂不是意味着使绿水青山消失而产生金山银山吗？那不是又回到"为了发展经济只能暂时牺牲环境"的老路上去了？这是作者的疑问。翻检"转化"词义，确实系指转变其原来的性质，化成另一种本质截然不同的事物。

在作者看来，唯有用"绿色发展"来解读"绿水青山就是金山银山"理念才显适洽。首先，绿色发展理念是习近平总书记提出来的，在党的十九届五中全会中得到了进一步确认，并将其列为新发展理念的重要组成部分。其次，绿色发展意涵比较全面，绿色指生态文明，发展指物质文明，两个文明一起抓,一个都不能少。第三,绿色发展既讲了绿色是发展的条件,又强调了良好的生态本身就具有巨大的经济价值,反映了"绿水青山就是金山银山"理念的本质属性。

二、新方法

过去人们研究绿色发展理念主要用的是规范分析的方法,就是以一定的价值判断为基础,提出某种标准作为分析问题的标准和制定政策的依据。这种方法具有思辨性,主要回答"应该是什么"的问题。本书主要用的是实证分析的方法,虽然也有价值判断,但更重视建立事物之间关系的客观规律,并在这些规律下分析和预测人们行为的效果。本书既有理论实证又有经验实证,在理论实证时运用了很多数理模型,主要回答"为什么"的问题,具有较强的解释功能。

马克思说,一种科学只有在成功地运用数学时,才算达到真正完善的地步。本书的一个亮点就是用数理模型证明了习近平总书记"绿水青山就是金山银山"理念,并将它命名为绿水青山定理。它假设余村只有青山和矿山两种资源,横轴表示矿山的数量,纵轴表示青山的数量。在机会成本不变的条件下,生产可能性曲线是一条直线。起初它偏向矿山轴,表明余村人更看重金山银山。后来环境被破坏,余村人改变了观念,认识到了绿水青山的重要性,这条直线又偏向青山轴。于是我们看到,与偏向青山轴的生产可能性曲线相切的无差异曲线离原点更远,代表的社会福利水平更高。这是这个理念的初步证明。在机会成本递增的条件下,生产可能性曲线变成了一条凹向原点的曲线,对绿水青山和金山银山不同的态度反映在不同的价格线上。这时我们看到,与倾向青山轴的价格线相切的无差异曲线离原点更远,代表的社会福利水平更高;与倾向青山轴的价格线组成的贸易三角形更大,代表的经济范围更广。这是这个理念的进一步证明。可见,运用模型证明并不复杂,且很形象直观,能够说明问题。

本书运用数理模型的地方还很多。比如,在说明 GDP 增长方式的缺陷时,本书不仅列举了 GDP 指标体系存在的问题,还用一个模型证明,在信息不对称的条件下,只有对环境不治理的地区才有动力达到或超过 GDP 的平均增长水平,对环境治理的地区就缺少这个动力。这就是 GDP 作为衡量地方政府努力程度甄别手段的缺陷。GDP 增长方式容易造成两种倾向:一种是逆向选择,即一些地区放弃环境治理,又回到先发展后治理的老路;另一种是道德风险,即篡改 GDP 数据,欺骗上级。这个结论不仅在逻辑上能够站得住脚,在实践上也有很多事例相佐证。

这本书用模型推导出的结论,都用定理来称呼。比如,在土地没有规模化经营的条件下,虽然农作物丰收了,但农民的收入不一定增加,甚至还有可能减少。这个结论被称为丰产不丰收定理。又如,如果一个国家或省市过于偏重一种自然资源的开发和利用,就有可能导致该国或地区的福利水平下降。这个结论被称为悲惨增长定理。还如,因为资源是有限的,所以我们要把绿色发展提升到可持续发展的高度,给后人留下更多的生态资产,这才能使社会福利最大化。这个结论被称为可持续发展定理等。作者之所以把这些结论称为定理,是为了在此基础上推导更多的结论,而不需要每次都回到定义上去。这显然节省了研究成本,经济学里也有这样的先例。当然,社会科学的定理和自然科学的定理终究还是有区别的,自然科学的定理是只要符合一定的条件,必然会导致某种结果;社会科学的定理则是虽然符合一定的条件,某种结果的出现也只是一个大概率事件。但无论怎样,用模型来说明问题总比不讲条件和推理过程而只讲结论的所谓理论要强。

　　作者在研究绿色发展理念的过程中也提出了一些新的概念,令人耳目一新。比如绿色 GDP 的评价体系虽然有积极意义,但它是将资源和环境的保护作为成本从 GDP 中扣除的,给人的感觉就是资源和环境的保护是负面的和消极的,只能影响经济的发展和 GDP 的增长。而习近平总书记说:"绿水青山就是金山银山,改善生态环境就是发展生产力。良好生态本身蕴含着无穷的经济价值,能够源源不断创造综合效益,实现经济社会可持续发展。"所以作者认为,仅仅有绿色 GDP 的概念是不够的,不能反映绿色发展理念的精神实质。绿水青山不仅能保持价值,还能创造价值,创造超过自身价值的价值。于是作者就用模型推导出绿色乘数的概念。如果用 K_L 表示绿色乘数,用 $\triangle L$ 表示资源和环境支出的改变,用 $\triangle Y$ 表示因资源和环境支出的改变所引起的国民收入的改变,则有:$K_L = \triangle Y / \triangle L$。

　　绿色乘数的概念和绿色 GDP 的概念不同,绿色 GDP 做的是减法,而绿色乘数做的是乘法。绿色 GDP 只是间接地反映了环境支出,而绿色乘数则能直接地反映环境支出,而且还能直接反映出环境支出与国民收入的乘数关系。绿色乘数的概念能使我们对绿色发展的性质、价值和程度作出准确判断,充分认识绿色发展的意义,也能使我们对习近平总书记提出的"绿水青山就是金山银山"理念有更深入的理解。

复旦大学马克思主义学院　教授、博士生导师

目　　录

引　言

自从习近平总书记提出"绿水青山就是金山银山"理念以来,各地掀起了学习和落实的热潮。有人将这个理念概括为"两山理念",也有人将这个理念概括为"生态文明",还有人提出要"将绿水青山转化为金山银山"。笔者认为这些提法都不够妥当,为此写了这本《绿色发展理念的经济学解读》,和大家商榷。

一、"绿水青山就是金山银山"提出的背景

改革开放以后我国经济得到全面发展,人们生活得到了很大改善。但与此同时,很多地方出现了只重视经济发展,不重视生态保护的倾向,结果是 GDP 上去了,环境却被污染了,青山变成了秃山,绿水变成了黑水,人们的生活受到了很大的影响。2005 年 8 月 15 日,时任浙江省委书记的习近平同志在湖州市安吉县余村考察时召开了座谈会,当他得知余村关停矿山、靠发展乡村旅游致富时说:"下决心停掉一些矿山,这个就是高明之举。绿水青山就是金山银山。我们过去讲既要绿水青山,又要金山银山,实际上绿水青山就是金山银山。"①2013 年 9 月 7 日,习近平总

---

① 习近平:《干在实处　走在前列——推进浙江新发展的思考与实践》,中共中央党校出版社 2006 年版,第 186 页。

书记在哈萨克斯坦纳扎尔巴耶夫大学发表演讲时进一步指出:"我们既要绿水青山,也要金山银山。宁要绿水青山,不要金山银山,而且绿水青山就是金山银山。"①2019 年 4 月 28 日,习近平总书记在中国北京世界园艺博览会上说:"我一直讲,绿水青山就是金山银山,改善生态环境就是发展生产力。良好生态本身蕴含着无穷的经济价值,能够源源不断创造综合效益,实现经济社会可持续发展。"②这些讲话在全国乃至全世界产生了巨大影响。很多地方在经济发展的同时重视了环境保护,在经济发展和环境保护发生矛盾时,把环境保护放在了第一位,走出了一条绿色发展的新路子。2020 年 3 月 30 日,习近平总书记在阔别 15 年后再次来到余村考察,他强调指出,余村现在取得的成绩证明,绿色发展的路子是正确的,路子选对了就要坚持走下去。③

二、"绿水青山就是金山银山"的深刻含义

习近平总书记"绿水青山就是金山银山"理念具有深刻的含义。我们联系这个理念提出的背景可以知道,它至少包含了以下几方面的内容。

一是绿水青山和金山银山都很重要。这里的绿水青山有两层含义,狭义是指绿水青山,广义是指优美的生态环境;金山银山是一种形象的比喻,它也有两层意思,狭义是指矿山,广义是指巨大的经济价值。绿水青山是人赖以生存的自然条件,金山银山是人的物质追求,这两者都是人生

① 中共中央文献研究室编:《习近平关于社会主义生态文明建设论述摘编》,中央文献出版社 2017 年版,第 21 页。
② 习近平:《共谋绿色生活,共建美丽家园——在 2019 年中国北京世界园艺博览会开幕式上的讲话》,载《中国生态文明》2019 年第 2 期。
③ 范良银、黄丹华:《在湖州看见美丽中国——档案见证"绿水青山就是金山银山"的湖州实践》,载《浙江档案》2021 年第 3 期。

存和发展不可缺少的。只有绿水青山，没有金山银山，人们虽然有饭吃有衣穿，却只能停留在农耕文明时代；而只有金山银山，没有绿水青山，人们虽然可以进入工业文明，但环境污染了，人们的健康损害了，又失去了生活本来的意义。所以习近平总书记说"既要绿水青山，又要金山银山"①。只有这样，人类不仅有优美的生态环境，还有富足的物质财富，才能实现幸福生活的目标。

二是绿水青山和金山银山很难兼得。像浙江余村到处是绿水青山，人们起初并没有把它当成宝贵的财富，反而认为绿水青山下面的石头才是宝贝，因为它是建筑材料，可以卖钱。于是就有人承包了山头，开始开山取石。因为石头在下面，要想得到它必然要破坏上面的植被。结果是石头取出来了，但青山变成了秃山，绿水变成了污水，开矿的爆炸声不绝于耳，爆炸掀起的粉尘四处飞扬。后来余村人认识到这样做的危害性，便停掉了一些矿山，恢复绿水青山的本来面貌。这说明绿水青山和金山银山之间是有矛盾的，它们很难兼得。过去很多地方把 GDP 作为考核干部的唯一指标，这个 GDP 就相当于金山银山，而 GDP 本身并不包含绿水青山的内容，这就导致很多地方 GDP 上去了，绿水青山却破坏了。后来中央发现了这个问题，在考核干部时不仅有 GDP 这个指标，还有环境保护这个指标，情况才有了好转。

三是绿水青山比金山银山更重要。在绿水青山和金山银山很难兼得的情况下，如果只能要一个，那要哪一个呢？习近平总书记说："宁要绿水青山，不要金山银山。"②这是为什么呢？首先是因为我们工作的最终

---

①　习近平：《之江新语》，浙江人民出版社 2007 年版，第 153 页。

②　中共中央文献研究室编：《习近平关于社会主义生态文明建设论述摘编》，中央文献出版社 2017 年版，第 21 页。

目的是要提高人民的福祉,而绿水青山是人民福祉的一部分,金山银山只是提高人民福祉的一种手段。目的比手段更重要,这是毋庸置疑的。其次是因为绿水青山在上面,金山银山在下面,保住了绿水青山,也就保住了金山银山;而只要金山银山,就会丢掉绿水青山。第三是因为金山银山的机会成本要大于绿水青山。过去很多地方采取"为了发展经济只能暂时牺牲环境"的做法,结果生态环境被污染了,人民的生活受到严重影响,政府又不得不回过头来花好几倍的代价去治理环境。这种"先污染后治理"的做法显然得不偿失,机会成本太高。而且环境是少数人破坏的,治理的成本却要整个社会来承担,这也不公平。

四是绿水青山本身就具有巨大的经济价值。这是"绿水青山就是金山银山"本来的意思。当余村人说他们停掉了一些矿山,靠发展乡村旅游致富时,习近平总书记讲了这段话。这里,金山银山不是指狭义的矿山,而是指广义的经济价值。为什么绿水青山本身就具有巨大的经济价值呢?余村人讲了一个理由,就是他们依靠绿水青山发展乡村旅游致富了。其实,不仅发展乡村旅游要靠绿水青山,发展任何一项事业都离不开绿水青山。我们知道,国民经济要靠消费、投资和出口来带动。没有绿水青山,我们就要消费被污染的食品;没有绿水青山,我们就不能吸引投资商;没有绿水青山,我们的出口也会受到绿色壁垒的限制。

三、绿色发展是"绿水青山就是金山银山"的最好概括

有人将习近平总书记的"绿水青山就是金山银山"理念,简化为"两山理论",这是不够妥当的。习近平总书记关于这个理念有三句话,"两山理论"的说法只强调了第一句"既要绿水青山,又要金山银山",而忽略了第二句"宁要绿水青山,不要金山银山"和第三句"绿水青山就是金山

银山"。其实,第二句和第三句比第一句更重要,第一句是个铺垫,第二句深入了一步,第三句才是实质。所以,与其说是"两山理论",不如说是"一山理论",就是"绿水青山"一个山,因为它就是"金山银山"。

还有人用"生态文明"来概括"绿水青山就是金山银山"理念,这也是不够妥当的。"绿水青山就是金山银山"包含两层意思,一层是"绿水青山",这是生态文明;一层是"金山银山",这是物质文明。"绿水青山就是金山银山"是生态文明和物质文明的统一体,两个文明一个都不能少。仅仅将它归结为生态文明,就好比一个人只用一条腿走路,是走不远的。只有将生态文明和物质文明结合起来,两条腿走路,才能有远大的前程。有人错误地认为这是一切向钱看,其实这只是一种形象的比喻,能够很好地说明良好的生态本身就蕴含着无穷的经济价值和社会效益。

还有人提出"如何把绿水青山转化成金山银山",这种提法也不够妥当。首先,这种"转化论"显然和习近平总书记的"就是论"是有差别的,"转化"在空间上有两个东西,而"就是"在空间上只有一个东西;"转化"在时间上有个过程,而"就是"在时间上没有这个过程。其次,一种东西"转化"成另一种东西,必然伴随着前一种东西的消失和后一种东西的产生,例如水转化成冰,意味着水消失了冰产生了。那么把"绿水青山转化成金山银山",岂不是意味着绿水青山的消失和金山银山的产生吗? 那不是又回到"为了发展经济只能暂时牺牲环境"的老路上去了? 第三,我们已经说过,绿水青山是人民福祉的一部分,它是奋斗的目标,而金山银山只是实现这个目标的手段,绿水青山比金山银山更重要。"把绿水青山转化成金山银山",岂不是把手段当成了目标,把次重要的东西当成了最重要的东西了吗?

既然"两山理论"、"生态文明"和"转化论"都不能很好地概括"绿水青山就是金山银山"理念,那应该用什么词来概括呢? 我们认为应该用"绿色发展"来概括。

首先,"绿色发展"的理念是习近平总书记首次提出来的。2005 年 8 月 15 日,时任浙江省委书记的习近平同志在浙江湖州余村提出了"绿水青山就是金山银山"的理念。① 2013 年 9 月 7 日,习近平总书记在哈萨克斯坦纳扎尔巴耶夫大学发表演讲,将这个理念总结为三句话:"我们既要绿水青山,也要金山银山。宁要绿水青山,不要金山银山,而且绿水青山就是金山银山。"②时隔 15 年,2020 年 3 月 30 日习近平总书记又一次来到余村,将这个理念概括为"绿色发展"。他强调指出,余村现在取得的成绩证明,绿色发展的路子是正确的,路子选对了就要坚持走下去。③ 2015 年 10 月,习近平总书记在党的十八届五中全会第二次全体会议上的讲话鲜明地提出了创新、协调、绿色、开放、共享的发展理念。2016 年 1 月,在省部级主要领导干部学习贯彻十八届五中全会精神专题研讨班开班式上,习近平总书记对贯彻落实新发展理念作出系统阐释。2020 年 10 月,党的十九届五中全会召开,全会公报一再强调"新发展理念",彰显了其重要性。而绿色发展是"新发展理念"的重要组成部分。

其次,"绿色发展"的概念比较全面。"绿色"指的是生态文明,"发展"指的是物质文明,"绿色发展"既包含了生态文明,又包含了物质文明,是两个文明一起抓,两条腿走路,让生态文明和物质文明相互制约、相

---

① 习近平:《干在实处 走在前列——推进浙江新发展的思考与实践》,中共中央党校出版社 2006 年版,第 186 页。
② 中共中央文献研究室编:《习近平关于社会主义生态文明建设论述摘编》,中央文献出版社 2017 年版,第 21 页。
③ 范良银、黄丹华:《在湖州看见美丽中国——档案见证"绿水青山就是金山银山"的湖州实践》,载《浙江档案》2021 年第 3 期。

互促进。任何文明都有约束条件,否则它就会走向野蛮;任何文明都有动力机制,否则它就会停滞不前。"绿色发展"既有约束条件,又有动力机制,堪称完美组合。

第三,"绿色发展"能够反映"绿水青山就是金山银山"理念的本质。"两山理论"容易让人理解成就是"金山银山","生态文明"论又丢掉了物质文明,"转化论"容易让人理解成是不要绿水青山了。还是"绿色发展"的概念比较准确,能够反映事物的本质。"绿色发展"既讲了绿色是发展的条件,又强调了良好的生态本身就具有巨大的经济价值,反映了"绿水青山就是金山银山"理念的本质属性。

第四,"绿色发展"的理念是可持续发展的理念。绿水青山本身就具有巨大的经济价值,只不过这种巨大的经济价值有的是显露的,有的是潜在的。那潜在的经济价值就是埋在绿水青山下面的金山银山。金山银山是有限的,开采一点就少一点。"绿色发展"就是要在保护和营造绿水青山的前提下,适度地开采金山银山,目的是既能让我们这一代人幸福生活,又能给子孙后代留下宝贵的财富。不能光顾我们这一代人的发展,而不顾子孙后代的需要。为了子孙后代的幸福,我们这一代人宁可作出一些牺牲。这就是"宁要绿水青山,不要金山银山"的另一层意思。

第一章　绿色发展理念的意义

党的十八届五中全会提出的新发展理念,包括创新、协调、绿色、开放、共享等内容,绿色发展理念是重要的组成部分。这一章我们主要阐述绿色发展的概念、体系、运行机制、主要特性、评价标准、必要性和紧迫性等问题。

第一节　绿色发展的概念和观念革新

绿色发展简单来说,就是正确处理人与自然的关系,在节约自然资源和改善生态环境的条件下谋求经济的发展。绿色发展包含两层意思:一层是绿色,就是生态文明;一层是发展,就是物质文明。绿色发展就是把生态文明和物质文明紧密地结合起来,让它们相互约束、相互促进。理解绿色发展更深刻的含义,要从人类对自然态度的改变说起。

一、人类对自然态度的转变

人类的进步离不开自然。人对自然态度的改变经历了三个阶段。

第一个阶段：崇拜自然阶段。在人类社会的早期，人刚由动物进化而来，对自然充满神秘感。他们看到自然既能带来享受，又能带来灾难，无法理解，只能对它顶礼膜拜，以祈求自然的恩赐。

第二个阶段：征服自然阶段。人类在和自然相处过程中逐渐学会了使用工具。随着第一次工业革命的出现，社会生产力从蒸汽机时代进入电气化时代，继而又进入了计算机时代。生产力的发展，使人类开始蔑视自然，对自然不断索取和征服，导致了自然对人类的报复。环境污染、生态失衡、能源短缺、粮食不足等问题日益困扰着人类。

第三个阶段：尊重自然阶段。严酷的事实促使人类重新审视人与自然的关系，人类开始尊重自然，认识到保护和营造良好自然环境的重要性。人类的科技和经济发展的目标，逐渐向与自然协调发展的方向转移，以求得人类与自然和谐相处，共生共荣。

随着人类对自然态度的改变，人类的经济发展出现了三种模式。

第一种是传统经济模式，就是人类从自然中获取资源，又不加处理地向自然排放废弃物。在人类早期，由于人口较少，对自然的开发能力有限，再加上环境有一种自净化的功能，因此人类活动并未造成对自然的破坏。但后来，随着人口的增长和工业化的进程，人类排放的废弃物越来越多，超过了环境的自净能力，便造成了对自然的破坏。环境污染、人口膨胀、资源短缺的问题日趋严重。

第二种是末端治理模式，就是"先污染，后治理"。这时人类虽然认识到保护环境的重要性，但迫于生存的压力，仍然把发展放在第一位，环境保护放在第二位，为了经济发展暂时放弃环境保护。这种在生产过程末端治理污染的方式使得治理难度加大，治理成本提高，生态恶化的趋势难以遏制，经济发展也受到影响。

第三种是绿色发展模式，就是在保护和改善生态环境的条件下发展经济。它要求遵循生态学规律，把保护和改善生态环境放在第一位，在合理利用自然资源和环境容量的基础上来发展经济。它本质上是一种生态经济，倡导的是人与自然的和谐共存。党的十八届五中全会提出了指导我国"十三五"时期发展甚至是更为长远发展的科学发展理念和发展方式，开启了我国绿色发展的新模式。

二、绿色发展的观念革新

在这三种经济模式中，显然传统经济模式是不可取的。恩格斯曾经指出："我们不要过分陶醉于我们人类对自然界的胜利。对于每一次这样的胜利，自然界都对我们进行报复。每一次胜利，起初确实起到了我们预期的结果，但是往后和再往后却发生完全不同的、出乎预料的影响，常常把最初的结果又消除了。"[①]20 世纪 60 年代，美国经济学家鲍丁提出了"宇宙飞船经济理论"。他指出，地球就像一艘在太空中飞行的宇宙飞船，要靠不断消耗和再生自身有限的资源而生存。如果不合理开发资源，肆意破坏环境，就会走向毁灭。

末端治理模式现在仍有很大的市场，很多国家和地区仍然以末端治理为主，很多人仍然认为先污染后治理具有客观规律性。他们认为，环境污染作为人与自然冲突的表现，是同生产发展的一定阶段相联系的。在生产力水平不高的情况下，人们主要考虑的是吃饱穿暖，还顾不上空气和水的洁净。相当一些环境保护的目标和措施，由于受经济发展和技术水平的限制而无法实现。只有先把生产搞上去了，温饱问题解决了，人们才

---

① 《马克思恩格斯文集》第 9 卷，人民出版社 2009 年版，第 559—560 页。

可能回过头来治理环境,改善生活条件。所以,当发达国家和地区将高污染高耗能产业转移到欠发达国家和地区时,才会受到这些国家和地区人们的欢迎。实际上我们国家的很多地方原先走的也是先污染后治理的道路。不过,现在我们也已经尝到了这种模式给我们带来的痛苦。我们花几倍甚至几十倍的代价都无法恢复自然环境的本来面貌,环境污染给人们造成的病痛和死亡更是无法挽回。现在我们已经稳定解决了温饱问题,我们的国家已经成了世界第二大经济体,这种情况下我们不应该对过去走过的路进行反思吗?我们国家还有很多地方的环境没有被污染,他们正面临走什么路的问题,难道还要采用先污染后治理的模式吗?绿色发展模式与其他模式的最大区别就在绿色理念上。绿色理念就是以节约资源和保护环境为宗旨的设计理念和方法,它强调保护自然生态,充分利用资源,以人为本,善待环境。

我们比较这三种模式,发现它们在观念上有以下几点不同。

一是生态价值观不同。传统经济模式和末端治理模式是"人类中心主义价值观",这种价值观认为,世界以人类为中心,实现人类的价值是唯一的目标,其他任何物种都是为了满足人类的需要而存在的,其价值只有在被人类利用时才能体现出来。基于这种价值观,环境被污染、生态被破坏便不可避免,因为生态和环境已经被人类利用过了,失去了它的价值,应该被抛弃;先污染后治理也是不可避免的,因为先污染是为了满足人类的需要,后治理也是为了满足人类的需要。而绿色发展模式是"生命中心主义价值观",这种价值观认为,世界上不仅人类有生命,动物、植物也有生命,都有价值。其他万物如土地、河流等,虽然本身没有生命,但它们是维护人类、动物和植物生命不可缺少的条件,也具有价值。所以,天下万物都有价值,它们组成了一个具有生命活力的生态系统。生命中

11

心价值观承认生态的价值和自然的权利,认为人类不应该是自然的征服者和主宰者,而应该是自然的一部分,遵循生物物种的多样性原则,维护生态平衡就是维护人类自身的生命。

二是资本价值观不同。经济发展需要四种资本:一种是以劳动、智力、文化和组织形式构成的人力资本;一种是由机器、厂房和基础设施构成的工具资本;一种是由现金、投资和金融杠杆构成的金融资本;一种是由土地、资源、生态系统构成的自然资本。传统经济模式和末端治理模式只重视前三种资本的价值,忽视自然资本的价值,都是用人力资本、工具资本和金融资本来开发自然资本,自然资本处于被动的、从属的地位。而绿色发展模式重视自然资本的价值,并且把自然资本作为最重要的资本形式,因为自然资本是有限的、不可再生的,而其他资本大多都是无限的、可再生的。在这种价值观的指导下,绿色发展模式不仅要改变原有的生产和消费方式,使自然资本得以保护,还要向自然资本投资,恢复和扩大自然资本的存量。

三是生态阈值观不同。生态环境有一定的净化能力,但这个能力是有限的,超过了限度生态环境就会遭到破坏。这个限度就叫生态阈值。传统经济模式没有生态阈值的概念,肆意排放废弃物。末端治理模式不重视生态阈值,认为反正环境有净化能力,先污染后治理未尝不可。其实如果污染超过了生态阈值,不仅要花费更大的治理成本,而且环境被破坏这个过程往往是不可逆的。绿色发展模式十分重视生态阈值问题,强调一定要在生态阈值的范围内,合理利用自然资本;在尊重自然的基础上,保护生态系统的自组织能力。绿色发展模式对生态阈值的重视达到了这样的程度:宁可不发展,也不要污染。这次新冠肺炎病毒蔓延之初,党中央和国务院果断地采取了封城措施,这充分体现了决策者的决心和魄力。

四是技术价值观不同。传统经济模式只把科学技术应用于经济发展,而不应用于环境治理。末端治理模式虽然把科学技术应用到了环境治理上,但它过于迷信科学技术的力量,认为只要有科学技术,先污染后治理也不会造成什么损失。绿色发展模式重视科学技术的力量,但并不认为它是万能的。它不完全依赖科学技术,而是将科学技术与体制、制度、管理、文化等因素结合起来,通盘考虑,对环境污染问题进行综合治理。它注重观念创新和生产消费方式的转变,防微杜渐、标本兼治,从源头上防止破坏环境因素的出现。

三、绿色发展与循环经济、低碳经济

绿色发展不仅要求减少废弃物,而且要求实现废弃物的再利用,从而形成循环经济。循环经济就是要借助于对生态系统和生物圈的认识,特别是产业代谢研究,找到能使经济系统与生态系统"正常"运行相匹配的可能的革新途径,最终建立理想的经济生态系统。① 循环经济包括物质循环、资源循环、能量循环和信息循环。物质循环就是将废弃物分类加工变成有用物,经生产消费变成废弃物以后,再分类加工将其变成有用物。物质循环受资源数量的限制,为了经济的可持续发展,必须要有资源的循环,比如冷却水的循环利用等。资源的利用产生了能量,它也可以循环转变。比如抽水蓄能电站,它就是利用峰谷电的差价促使能量循环的。谷电时电费低,用电动抽水机将水抽到高处的水库,将电能变成势能存蓄起来;峰电时电费高,将水库的水冲下来带动发电机,将势能转化为动能,再转化为电能。在物质循环、资源循环和能量循环的过程中必然

---

① 王永龙:《现代循环经济发展论》,中国社会科学出版社 2009 年版,第 6 页。

会产生信息,而信息具有重复利用性,不像一个苹果给你以后我就没有了,信息给你以后我还有,我和你都可以将它再利用,这样就形成了循环。

　　绿色发展形成了循环经济。物质循环、资源循环、能量循环和信息循环组成了相互作用的循环经济网络系统,如图1-1所示。

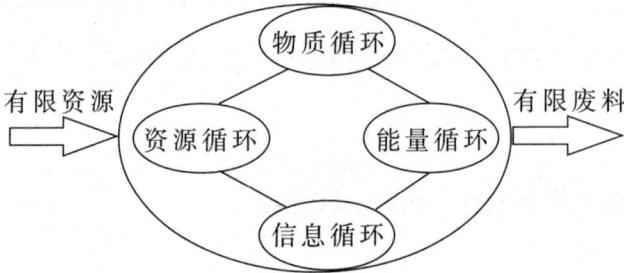

图1-1　循环经济网络系统

　　循环经济从废弃物再利用的角度说明了绿色发展的一个特征,低碳经济则从能源消耗的角度说明了绿色发展的另一个特征。所谓低碳经济,就是通过技术创新、制度创新、产业转型、新能源开发等多种手段,尽可能地减少煤炭、石油等高碳能源消耗,减少温室气体排放,达到经济社会发展与生态环境保护双赢的一种经济发展形态。低碳产业体系包括火电减排、新能源汽车、节能建筑、工业节能与减排、资源回收、环保设备、节能材料等。低碳发展并不局限于减少二氧化碳排放,而是减少整个地球的温室气体排放,通过低碳发展减缓地球变暖,多方面保护我们生存的环境。低碳经济实质是提高能源利用效率和清洁能源结构问题,核心是能源技术创新、制度创新和人类生存发展观念的根本转变。

第二节　绿色发展的运行机制与特性

一、绿色发展的体系与层次

绿色发展由不同层次的元素构成,组成了一个庞大的体系。

绿色企业:与传统企业的高消耗、高污染不同,绿色企业是低消耗低污染甚至是零污染。传统企业依靠外延式增长获取企业利益,主要通过增加生产要素的投入来实现生产规模的扩大和经济的增长。绿色企业依靠内涵式增长来获取企业利润,主要通过技术进步和科学管理来提高生产要素的质量和使用效益,实现生产规模的扩大和生产水平的提高。传统企业只注重生产,不重视生态环境的保护。它们不购置废水废气净化装置,即使购置了也不使用或很少使用,怕费电。绿色企业既重视生产经营,也重视环境保护,积极主动地采取措施减少污染。它们既重视企业盈利,更重视企业的社会责任,绝不做损害社会利益的事情。在企业利益和社会利益发生矛盾的时候,它们会忍痛割爱,服从社会的需要。

绿色产业:绿色产业由绿色企业组成。产业具有生命周期,要经历诞生、成长和衰老几个阶段,形成了朝阳产业和夕阳产业的区别。朝阳产业不都是绿色产业,因为很多朝阳产业在诞生之初就伴随着巨大的能源消耗和废弃物排放。夕阳产业也可以是绿色产业,因为很多夕阳产业经过历史的积淀,生产日益成熟,排放始终达标。绿色产业不是衡量一个产业处于什么发展阶段的标准,而是衡量产业和环境的关系是否和谐的标准。朝阳产业和夕阳产业的概念和地域有关,甲地的夕阳产业可能是乙地的朝阳产业。绿色产业的概念和地域无关,不论是甲地还是乙地的产业,只要能和生态环境和谐共处,它就是绿色产业。

绿色园区:它既可以由产业的组织形式构成,如工业园、合作社;也可以由消费的组织形式构成,如商业街、住宅小区。绿色园区是一种新型的社会组织形式,它既有规模化的生产和消费组织,又有完善和配套的服务和基础设置,还有集中统一的污水和垃圾处理等环保装置。更重要的是,它的居民不仅懂得生产,还懂得生活,热爱生活,注重邻里关系的和谐,把园区当成自己的家园。园区居民还具有环保意识,养成了卫生和环保的良好习惯,知道材料要节约,废弃物不能乱丢,还要把废弃物分门别类放入不同的垃圾箱。绿色园区模拟自然系统来设计园区的人流、物流、能流和信息流,通过分工合作、废物交换、清洁生产等手段,实现物质的闭路循环、资源的节约使用、能量的多级转化和信息的有效传播,实现园区经济效益和社会效益的最大化。绿色园区的概念比较接近于浙江省政府在2019年政府工作报告中提出的未来社区概念。

绿色城镇:它由绿色园区组成,增加了城市管理的科学化和绿色环保的制度化。绿色城镇要服务于一切有利于居民生产和生活的宗旨,减少政府机构和企业、居民的交易成本,兑现"最多跑一次"的承诺;增强政府机构的责任心和办事效率,实行"分片包干"和"河长制"改革。绿色城镇必须致力于规划绿色化、景观绿色化、建筑绿色化的人文生态建设,倡导绿色生产、绿色销售和绿色消费。绿色城镇中的特色小镇,不仅生产有特色,而且生态环境的保护也有特色,它是绿色城镇建设的示范和标杆。绿色城镇通过教育、文化、法制和精神文明建设,在全城镇范围内实现了人与自然和谐共处,经济、社会与生态环境共同繁荣的美好目标。

绿色国家:它由绿色城镇和农村组成,是绿色发展的较高形式。绿色国家实现了城镇化,城镇化不仅能实现生产和生活的规模化,提高人们生产和生活的质量;而且能有效地进行生态环境的保护和改善,降低由于人口分散造成的环境治理成本。绿色国家还加强了立法,做到有法必依,为绿色发展提供法律和制度保障。绿色国家通过合理收取和分配税收,给绿色发展以有力支持。绿色国家还通过文化、教育、卫生、法律等多种途径,使全体公民的环保意识不断增强,使其成为讲卫生、懂节约、热爱大自然、热爱环保事业的高素质公民。

绿色世界:它由绿色国家组成,是绿色发展的最高形式。习近平总书记提出的人类命运共同体,就包含绿色世界的内容。地球上的资源是有限的,虽然它归属地国所有,但通过市场却可以为世界各国所利用。污染的河水虽然产生于本国,却可以排往他国,甚至排往人类共有的大海。污染的空气也是这样,它可以飘向其他国家,甚至飘向人类共有的大气层。所以,环境保护不是一个国家的事情,它关系到整个人类的命运,是建立人类命运共同体不可缺少的部分。为了实现绿色世界的目标,每个国家首先要管好自己的事,使之成为绿色国家,在这个基础上为他国提供援助。

二、我国绿色发展的运行机制

我国的绿色发展就像一趟高速列车,有轨道,有车头车厢,还有强大的动力。

中央是车头。俗话说得好:"火车跑得快,全靠车头带"。绿色发展这列火车的车头在哪里呢? 它决定了我国绿色发展的运行机制和前进方向。企业不能作为这列火车的车头。这不仅是因为企业比较分散,难以担当此重任,而且是因为企业本身就是潜在的自然资源和生态环境的破坏者。如果没有法律的约束,企业受利益驱使,会随意开采资源,向空中排放废气,向河中倾倒废水,向路边抛弃废料,因为这样才能节省成本,实现企业利润的最大化。这不是对企业的蔑视,而是人性使然。所以,绿色发展不可能由企业带头自下而上地实行。地区、行业和部门也不能作为车头。这是因为资源浪费和环境污染问题早已跨地区、跨行业、跨部门,每个地区、行业和部门都有自己的利益诉求,在发生冲突时通常会优先考虑本地区、行业和部门的利益,而置别的地区、行业和部门的利益于不顾。为什么"九龙难治水"?就是因为各地区、各行业和各部门的利益不同,遇到关键性问题时不易协调。所以,绿色发展不可能仅仅依靠各地区、各行业和各部门的单打独斗来完成。所以,只有党中央和国务院来充当绿色发展的火车头了。这是因为绿色发展牵扯到各地区、各行业、各部门和各企业的利益,关系到十四亿人口的福祉,是一项国家战略,必须由顶层设计,由党中央和国务院自上而下地协调和推动。只有党中央和国务院才能代表全国各族人民的共同利益,才有能力和愿望来设计和推动绿色发展,才有权力和办法来规范和协调绿色发展。习近平同志对绿色发展十分重视,在他任职浙江省委书记的时候就提出了"绿水青山就是金山银山"理念;担任中共中央总书记以后,又出台了一系列有关绿色发展的方针政策,并要求将绿色发展之路坚持走下去。我们相信,在以习近平同志为核心的党中央正确领导下,绿色发展理念一定能在全国得以推行。

地方是车厢。中央的意志,要靠地方去实现;国家的政策,要靠地方去落实。所以,绿色发展这趟列车,中央是车头,地方是车厢。地方起到承上启下的作用,既要很好地理解、正确地贯彻中央精神,又要发挥主观能动性,充分调动企业和老百姓的积极性。各地方的发展是不平衡的,有先有后。列车的车厢也是一样,有先有后。但我们的国家是一个整体,各个地方的利益紧密相联。亚里士多德有一个著名论断："整体大于各部分的简单总和"。贝塔朗菲也有一个著名论断：要素的优化并不等于整体的优化，这叫"非简单相加性"。所以，地方要有整体意识和大局观念，实事求是，为绿色发展讲实话、干实事、认死理，不要搞形式主义、面子工程，也不要搞上有政策、下有对策。对此，习近平总书记指出，要减轻基层负担，让基层把更多的时间用在抓工作落实上。形式主义不但空耗资源，污染社会空气，也影响公信力、战斗力和凝聚力。所以，绿色发展不仅应该包括自然资源的节约、生态环境的洁净、生物物种的多样性、人与自然的和谐共处，还应该包括人文资源的节约、社会环境的洁净、意识形态的多样性、人与社会的和谐共处。

利益是动力。《史记》中说："天下熙熙，皆为利来；天下攘攘，皆为利往"。绿色发展这列火车要想很好地运行，必须有燃料做动力，这个动力就是利益。在绿色发展中，绿色有绿色乘数效应，能创造价值，发展更能创造价值，带来利益。哪些组织可以在绿色发展中享受到利益呢？首先是国家，因为绿色发展符合全国各族人民的共同利益。其次是各地区、各行业和各部门，因为资源浪费和环境污染，它们上面受到来自中央的压力，下面受到来自企业和老百姓的压力。为了治理污染，它们还要花远远高于税收的经费，得不偿失。绿色发展搞好了，它们既有政绩又有口碑，还不用花冤枉钱，何乐而不为？第三就是企业。企业尽管可以在排污中获得短期利益，但从长远来讲还是不合算的。环境污染会影响产品质量、消费体验和外商投资，还会影响企业主和工人的身体健康。排污只能图一时之快，而资源不足了、环境破坏了、品牌搞砸了、身体垮掉了，才是长久之痛。环境污染有个"羊群效应"，你不排放别人排放你就吃亏了，结果大家都排放。环境污染还有个"破窗效应"，对一个干净的地面人们会爱惜,不会去吐第一口痰;而对一个到处堆满垃圾的地面,人们会厌恶,会随地吐痰。实行绿色发展战略以后,全党动员、全民动手,节约资源保护环境,开展绿色生产和消费,促使各种法律条文得到有效贯彻营造一个良好的绿色发展氛围,就能有效扼制"羊群效应"和"破窗效应"。各个企业都不敢也不愿非法排放了,生态环境才能得以改善,人们生活才能幸福,企业也才能从中获得长远利益。认识到这一点,企业也就有了绿色发展的动力。

法律是轨道。火车运行离不开轨道,绿色发展要想很好实行,离不开法律制度的保障。我们国家已经制定了《环境保护法》等法律,但还缺少一部《绿色发展促进法》。《绿色发展促进法》和《环境保护法》不同,《环境保护法》侧重于绿色,而《绿色发展促进法》既有绿色,又有发展;《环境保护法》的绿色仅仅是生态文明,《绿色发展促进法》的绿色既包含生态文明,还包含精神文明和物质文明;既有生态环境的保护,又有相应的经济发展和社会环境的治理,要求生态环境保护和经济发展、社会进步相互促进、共生共荣。在绿色方面,《环境保护法》侧重于生产的末端治理,即限制污染物的排放。《绿色发展促进法》不仅包括生产的末端治理,还要包括生产的前端治理,即生产要素的节约和循环利用;不仅包括生产过程的治理,还包括消费过程的治理,即消费品的节约和废弃物的利用;不仅包括治理看得见的环境污染,如雾霾,还包括治理看不见的环境污染,如携带病毒的飞沫。《绿色发展促进法》还要包括人的绿色发展意识的增进,以及政府职能的转变等。所以,它是一部更全面的法律,制定这样一部法律对保证绿色发展具有重要意义。

全民是乘客。绿色发展既是一种新型的先进的经济形态,也是一种和谐稳定的社会形态。绿色发展只靠少数人和先进的技术是难以推动的,它是一门集经济、技术和社会于一体的系统工程,要靠全社会的努力和全体人民的参与。绿色发展的目的是造福于全体人民,所以全民是绿色发展这趟列车的乘客,每一个公民都有权利享受绿色发展的红利。我们的组织原则是少数服从多数,但不能以多数人的名义侵害少数人的利益。我们要重视少数人的意见,尊重每一个人的权利,不能以任何借口阻止任何一个公民上这趟绿色发展的列车。过去我们说"大河有水小河满",不对,应该是"小河有水大河满",因为大河的水是从小河来的,没有小河的水,大河就会干涸。小河的水又是由很多水滴汇集起来的,没有水滴,小河也不存在。所以,绿色发展要靠全民参与,造福于全民。绿色发展这趟列车,全民是乘客,一个都不能少。

三、我国绿色发展的特性

我国是一个幅员辽阔、人口众多的大国,又是一个由计划经济向社会主义市场经济转型的发展中国家。在这样的国家推行绿色发展,困难很多。所以,我国的绿色发展,有其不同的特性。

首先是绿色发展的不平衡性。绿色发展和经济发展的阶段有关,我国经济发展很不平衡,不同的地区处在不同的发展梯度,这就决定了我国绿色发展也是不平衡的。发达地区为了绿色目标,要将污染企业转移出去;欠发达地区为了发展目标,只能将污染企业接收下来。实现绿色发展,就要将绿色目标和发展目标结合起来。发达地区不能简单地将污染企业一转了事,而要对它们进行绿色改造。即使要转移也要先进行绿色改造,否则它们就会成为欠发达地区的绿色发展障碍。发达地区还要在绿色发展方面加强对欠发达地区的对口支援。欠发达地区不能为了发展而放弃绿色目标,在引进企业时必须要进行绿色评估和改造。

其次是绿色发展的政府主导性。市场经济在资源的优化配置方面具有优势,但在生态环境的保护方面却处于劣势。这是因为市场经济主张经济自由,容易放任企业的排污行为。我们要建设有中国特色的社会主义市场经济,这个中国特色就是政府对市场经济强有力的影响。政府代表了广大人民的利益,不允许生态环境的恶化。政府拥有巨大的可供自己直接支配的经济资源,还掌握大量的政策资源,它本身也是市场主体的一部分,这就决定了政府在推动绿色发展中具有主导作用。当然,这个主导作用主要体现在实现绿色目标方面,在实现发展目标方面还是应该由市场来主导。

第三是绿色发展的长期性。我国是一个发展中的大国,过去由于缺乏绿色发展的理念,很多地方以 GDP 作为衡量干部业绩的主要标准,导致经济发展上去了,生态环境却遭到了破坏。习近平总书记提出"绿水青山就是金山银山"理念以后,人们逐渐认识到了绿色发展的重要性,也采取了很多措施治理环境污染。但"冰冻三尺非一日之寒",环境污染不是一日造成的,也不可能在短期内就得到彻底治理。人们的认识也还没有完全到位,对旧的发展模式还有路径依赖,对绿水青山不够重视,对金山银山趋之若鹜,总想着要把绿水青山转化成金山银山,导致旧的污染尚未消除,又产生了新的污染。还有的地方政府不愿为上一届政府造成的污染买单,只热衷于自己的"新蓝图",甚至有意保留旧的污染,以反衬自己的新政绩。这就决定了我国绿色发展的道路还很漫长。我们只有学习愚公移山的精神,做好打持久战的准备,像习近平总书记说的那样,路子选对了就要坚持走下去,才能最终实现绿色发展的宏伟目标。

第四是绿色发展的阶段性。绿色发展的长期性和艰巨性决定了绿色发展必须要分阶段进行,一个阶段一个重点,集中优势兵力打歼灭战。我国的绿色发展大致可分为四个阶段。第一个阶段是生态文明阶段。这一阶段的主要任务就是治理环境污染。环境污染问题严重,会严重地影响国民经济的发展和人民身体的健康。绿色发展的一个基本理念就是以人为本,人的生命和健康永远是最重要的问题。这个阶段从2007年党的十七大首次提出建设生态文明的要求开始,已经取得了阶段性的胜利。第二个阶段是资源节约阶段。节约资源是绿色发展两大目标之一,我们要实现建成社会主义现代化强国的中国梦,而资源又是稀缺的,形成一个巨大的瓶颈。要解决这个问题,一方面要增加资源总量,另一方面就要节约资源,使资源得到有效的利用。习近平总书记号召节约粮食,拉开了这一阶段的序幕。第三个阶段是绿色发展阶段。绿色发展和生态文明不同,生态文明主要讲绿色,绿色发展不仅要讲绿色,还要讲发展。也就是说,绿色发展是生态文明的升级版。这个阶段,我们要在环境治理和资源节约已取得巨大成果的基础上巩固成果,扩大战果,把生态文明和经济发展结合起来。我们的空气不仅没有雾霾,而且是清新的。我们的自来水不仅是清洁的,而且可以直接饮用。我们的垃圾不仅是分类的,而且能够重复利用。我们的经济是可持续发展的,绿色乘数要大于1。第四个阶段是和谐社会阶段。我们的绿色发展要从经济领域向各个领域扩展。我们的社会环境要洁净,政治资源也要节约。要减少行政机构,减少行政开支,实行精兵简政和民主政治。我们的反腐行动不能停止,要从运动式的转变为常态式的。我们的绿色发展要从自然资源的节约、生态环境的洁净、人与自然的和谐共处,发展到人文资源的节约、社会环境的洁净、人与社会的和谐共处。

第三节　绿色发展的标准与评价体系

绿色发展的评价体系,指的是人们参照一定的标准,对绿色发展的性质、价值或优劣程度进行评判比较的一系列相互联系、相互制约的指标体系。有了这个评价体系,我们才能对绿色发展的概念有准确的把握,不至于把与绿色发展关系不大的东西也囊括进来,损害绿色发展的严肃性、科学性、合理性和系统性。

一、绿色发展评价体系的特点

绿色发展是针对工业化运动以来高消耗、高污染的线性经济而言的,它是一种资源节约、环境清洁的经济发展新模式。绿色发展系统有一定的位置与边界,是一个由社会、经济、生态环境等子系统组成的复杂大系统。在该系统中,通过合理配置各种资源,在系统的组织和管理过程中不断提高系统的有序程度,使大系统最优化、和谐化,以促进社会、经济和生态环境的协调发展。从系统论的角度看,绿色发展的评价体系应具有以下特点。

(1)整体性。绿色发展评价体系的整体性是指,要把社会、经济和生态环境等各方面作为一个整体来考虑,不能将它们割裂开来。既然是绿色发展,就既要有绿色指标,也要有发展指标,不能光有绿色没有发展,也不能光有发展没有绿色。绿色和发展要有机地结合在一起。

(2)层次性。绿色发展有鲜明的层次性,其评价体系也要有鲜明的层次性。就全国来说,下面可依次划分为省、市、县、乡,每个层次的评价体系既有共同性，又有特殊性。不能用高层次的标准来要求低层次，也不能用低层次的标准来衡量高层次。绿色发展水平应分层次客观评价以后再汇总，不能主观臆断，也不能层层掺水。

（3）动态性。绿色发展是一个动态过程，其评价体系也不能一成不变。既要维持评价体系的稳定性，不能朝令夕改；也要根据形势的变化对各项指标进行适当的调整，不能墨守成规。绿色发展的评价体系就是要建立良性循环的运行机制，对该系统的动态过程进行适时的监测、评价和反馈。

（4）地域性。各地区资源状况、发展水平存在差距，造成各地区绿色发展的不平衡性。所以，评价体系要有地域性，在选择一些基本指标的前提下，根据各地区的实际情况，制定一些有特色的指标，使得各地既有常规动作和中央保持一致，又可以通过一些自选动作发挥其主观能动性。

二、GDP 指标体系的贡献和不足

GDP 是国内生产总值的简称，指的是经济社会（一国或一地）在一定时期内运用生产要素所生产的全部最终产品（物品和劳务）的市场价值之和。GDP 作为国民经济核算体系中总量核算的核心指标，综合反映了一国或一地经济活动的总水平，对衡量和促进经济发展作出了重要贡献。但这个指标体系也存在以下不足。

（1）很多环境保护开支不能记入。GDP 指标不加区别地记入所有市场型消费，而不管这些消费是否对社会有利。很多环境保护开支因为不是市场型消费，便很难记入 GDP 当中。比如同一污染事件，如果由政府出钱消除，那是政府支出，形成了最终物品和劳务的购买，这项支出就能记入 GDP；而如果由污染企业自己消除，这项开支就被看成是中间产品，不能记入 GDP。这就使得企业失去了消除污染的动力。

（2）没能反映自然资源的价值和折旧。GDP 指标只记入人造资产（如机器设备和厂房建筑等）的折旧，而对很多自然资源，不仅本身没有计价，而且也不计其折旧或消耗。环境退化的损失费用在 GDP 中得不到体现，还有一些"免费"环境服务的损失费用也不能记入，就会影响人们对这些问题的重视程度。

（3）不能反映社会福利状况。GDP 采用经济价值尺度计量，未记入某些影响社会福利状况的因素，如人的营养与健康、空气与水的清洁、环境的和谐与安宁等。

由于 GDP 指标体系有以上一些不足，所以单纯把 GDP 作为衡量地方政府努力程度的甄别手段，效果也不好，容易使地方政府丧失治理环境的动力。[1] 如图 1-2 所示，横轴表示努力程度，纵轴表示待遇水平。如果将 GDP 平均增长水平作为甄别手段，高于平均增长水平的待遇为 2（如提升），低于平均增长水平的待遇水平为 1（如降级），那么待遇水平就出现了如 ABDK 的折线。如果不要任何成本就能达到平均增长水平，那么在利益驱动下每个地区都会达到或超过平均增长水平，于是 GDP 也就失去了信息甄别的作用。但是，达到平均增长水平是要付出成本的，越是超过这个水平，付出的成本就越大，因此成本曲线向右上方倾斜。如果进行环境不治理，成本肯定低，假设为 C/2；如果进行环境治理，成本肯定高，假设为 C。这样就有了两条成本线 C 和 C/2。人们的目的是利益最大化，因此地方政府的选择原则就是：待遇水平与成本之间的差距最大为最佳。对于成本为 C 的地区来说，努力程度为 0 时差距最大；对于成本为 C/2

---

① 崔卫国：《地方政府经济学》，中国财政经济出版社 2017 年版，第 273 页。

的地区来说,努力程度为 1 时差距最大。所以,只有对环境不治理的地区才有动力达到或超过 GDP 的平均增长水平,对环境进行治理的地区就没这个动力。这就是 GDP 作为衡量地方政府努力程度甄别手段的缺陷。

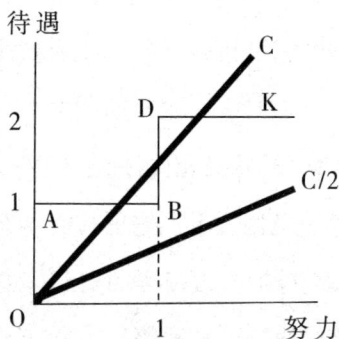

图 1-2　GDP 指标的缺陷

由于 GDP 指标的缺陷,再加上中央和地方的信息不对称,容易造成两种倾向:一种是逆向选择,即一些地区放弃环境治理,又回到先发展后治理的老路,眼睛只盯着 GDP;另一种是道德风险,即某些地区篡改 GDP 数据,欺骗上级。

三、绿色 GDP 指标体系的概念和意义

从以上叙述可知,GDP 只能反映一个国家或地区经济增长与否,没有把资源和环境的成本扣除。也就是说,GDP 只有发展的指标,没有扣除绿色的成本,不能全面地反映一个国家或地区经济发展的真实状况。我们要进行绿色发展,必须要在传统 GDP 当中扣除绿色成本,使这个评价体系不仅能反映经济增长的数量,而且也能反映经济发展的质量,能更科学地衡量一个国家或地区真实的发展和进步,从政策导向上鼓励全社会重视环境问题,走绿色发展的道路。绿色 GDP 评价体系综合了经济与

环境核算,是一种全新的国民经济核算体系。

广义绿色 GDP 的定义是:绿色 GDP＝传统 GDP－自然环境部分的虚数－人文部分的虚数。狭义绿色 GDP 是扣除自然资产(包括资源环境)损失之后的新创造的真实国民财富的总量核算指标。通常使用的绿色 GDP 是狭义的绿色 GDP,它是指在不减少现有资本资产水平的前提下,一个国家或地区所有常驻单位在一定时期所生产的全部最终产品和劳务的价值总额。和传统 GDP 的定义相比,绿色 GDP 的定义多了一句话:在不减少现有资本资产水平的前提下。这里的资本资产既包括人造资本资产(如机器和厂房等),又包括人力资本和资产(如知识和技术等),还包括自然资本资产(如森林、矿产、土地等)。而这个自然资本资产就是绿色 GDP 概念的点睛之笔,反映了绿色发展和传统发展的本质区别。所以,绿色 GDP 的概念可以用下面的公式来表示:

绿色 GDP＝GDP－自然资源耗减和环境退化损失－(预防支出＋恢复支出＋由于非优化利用资源而进行调整计算的部分)

上式中的预防支出指的是预防环境损害的支出,恢复支出指的是将损害的环境恢复原样的支出。可见,绿色 GDP 不仅能反映经济增长水平,而且能体现为了实现经济增长所付出的保护自然的代价。绿色 GDP 占 GDP 比重越高,表明国民经济增长对自然的负面效应越低。

采用绿色 GDP 评价体系有以下一些好处。

(1)有利于科学和全面地评价一个国家或地区的综合发展水平。绿色 GDP 能够对环境污染和生态破坏进行准确计量,使人们知道为了取得一定经济发展成就,付出了多少环境保护的代价,从而更冷静和客观地看待所取得的成就,采取有效措施降低环境损失。

(2)有利于动员公众积极参与环境保护事业。绿色 GDP 是一套公开的指标,通过它的发布,可以更好地保护和满足公众的环境知情权,促使公众从自己做起,自觉地保护环境,抵制破坏环境的行为。

(3)有利于政府职能的转变。过去用 GDP 考核官员政绩,他可以不顾资源和环境的保护;现在用绿色 GDP 来考核官员政绩,他再不顾资源和环境的保护就不行了。

绿色 GDP 虽然好,但也有不足之处,就是无法将绿色成本分解到相应的经济活动部门,因此无法明确经营者的责任。绿色 GDP 实行起来也面临着技术和观念上的两大困难。从技术上说,由于环境要素大都没有进入市场买卖,所以其价值难以衡量。比如砍伐一片森林,原木可通过出售体现其价值,但造成水土流失和物种减少,其损失却因为没有市场价格而难以衡量。从观念上说,由于绿色 GDP 扣除了环境成本,一些地区的经济发展数据就会大大下降,官员的政绩也会比过去大大减少,他们的思想不一定就能转过弯来。

目前学术界围绕绿色 GDP 还有很多争论,世界上也还没有一套公认的绿色 GDP 核算体系。但无论怎样,绿色发展是大势所趋,挪威早在1987 年就开始了资源环境的核算工作;我国原国家环保总局和统计局也已联合成立了一个"绿色国民经济核算研究"机构,做了很多工作。相信不久的将来,我国的绿色 GDP 指标体系一定会形成并逐步完善,为我国的绿色发展之路提供一盏指路明灯。

四、绿色乘数概念的提出

绿色 GDP 的评价体系虽然有积极意义,但它是将资源和环境保护作为成本从 GDP 中扣除的,给人的感觉就是资源和环境的保护是负面和消极的,只能影响经济发展和 GDP 增长。其实资源和环境的保护不仅不会对经济发展起负面和消极的影响,反而会起到正面和积极的促进作用。习近平总书记说:"绿水青山就是金山银山,改善生态环境就是发展生产力。良好生态本身蕴含着无穷的经济价值,能够源源不断创造综合效益,实现经济社会可持续发展。"①我们对这句话的理解,就是说绿水青山不仅能保持价值,还能创造价值,创造超过自身价值的价值。这就引入了绿色乘数的概念。绿色乘数和绿色 GDP 不同,绿色 GDP 做的是减法,而绿色乘数做的是加法甚至是乘法。

乘数是经济学的概念,指的是经济中因某一自变量发生变动而导致的因变量最终变动的幅度。比如投资乘数,因为社会各部门是紧密联系在一起的,所以一个部门的投资会转化为下一级部门的消费,下一级部门的消费又有一部分转化为再下一级的投资,就这样发生了连锁反应,导致国民收入成倍增长。依照这个思路,我们也可以定义绿色乘数的概念:因为社会各部门是紧密联系在一起的,所以用于资源和环境保护支出的改变会引起国民经济各部门发生连锁反应,导致总的国民收入发生改变。国民收入的改变与资源和环境支出的改变的比值,就叫绿色乘数。如果我们用 K_L 表示绿色乘数,用 $\triangle L$ 表示资源和环境支出的改变,用 $\triangle Y$ 表示因资源和环境支出的改变所引起的国民收入的改变,则有:

$$K_L = \triangle Y / \triangle L$$

绿色乘数是双向的,生态环境向好的方面变化,会引起国民收入成倍增长,绿色乘数表现为正数;生态环境向坏的方面变化,会引起国民收入成倍减少,绿色乘数表现为负数。

如图 1-3 所示,横轴 OY 表示国民收入,纵轴 O(C+L) 表示消费加环

①　习近平:《共谋绿色生活,共建美丽家园——在 2019 年中国北京世界园艺博览会开幕式上的讲话》,载《中国生态文明》2019 年第 2 期。

境支出。$C+L_1$是原来的消费加环境支出线,它向右上方倾斜,表示随着国民收入的增长,消费和环境支出也在增加。$C+L_1$与45度线交于E点,与E点对应的国民收入为OY_1。$C+L_2$是现在的消费加环境支出线,它在$C+L_1$上方,表明环境支出增加了。$C+L_2$与$C+L_1$平行,与45度线交于D点,与D点对应的国民收入为OY_2。DY_2与$C+L_1$交于B点,从E引横轴的平行线与DY_2交于A点。我们发现,$EA=AD,BD=\triangle L,EA=\triangle Y,\triangle Y>\triangle L$。也就是说,因环境支出的改变所引起的国民收入的改变要大于环境支出的改变,这就是绿色乘数效应。

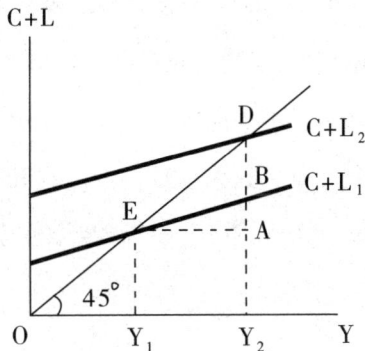

图1-3　绿色乘数效应

绿色GDP只是间接地反映了环境支出,而绿色乘数则能直接地反映环境支出,且能直接反映出环境支出与国民收入的乘数关系。绿色乘数的概念能使我们对绿色发展的性质、价值和程度作出准确判断,充分认识绿色发展的重要性,也能使我们对习近平总书记提出的"绿水青山就是金山银山"理念有更深入的理解。有人提出了旅游乘数的概念,并展开了讨论。我们认为旅游乘数应该和绿色乘数有关,因为生态环境的改变对旅游有很大的影响。但是不能用旅游乘数来代替绿色乘数,因为绿色乘数更全面,它不仅包括旅游乘数,还包括资源节约乘数、卫生健康乘数等,资源的节约和人的卫生健康状况的改善都对国民收入有很大的影响。这次新冠肺炎的世界大流行,不仅使人们的健康受到极大损害,也造成了中国和世界经济的巨大损失。新冠病毒通过飞沫得以传播,这说明我们的生态环境已受到了污染,防疫工作已成为绿色发展的重要组成部分。

第四节　绿色发展的必要性与紧迫性

我国是人均自然资源占有量比较低而环境容量也很不乐观的发展中大国,我们要实现建成社会主义现代化强国的目标,但满足这一目标要求的自然资源储备又比较少。不少地区片面追求 GDP 指标,曾使得资源浪费和环境污染现象比较严重。这次全球性的新冠肺炎疫情,是人类历史上一场严重的生态危机。所以,我国实行绿色发展战略具有必要性和紧迫性。

一、绿色发展是我国经济安全的重要保障

自然资源是国家经济安全的基础,如果自然资源不足,将会威胁到国家的经济安全。我们国家地域辽阔,资源丰富,但从资源拥有、消耗、利用效率、对外依赖程度、再生化等方面来看,情况不容乐观。

(1)从资源拥有角度看,我国无论是资源总量还是人均资源拥有量都严重不足。从资源总量来看,我国石油储量仅占世界的 1.2%,天然气是 0.7%,铁矿石不足 9%,铜矿不足 5%,铝土矿不足 2%。从绝对量来看不少了,但从相对量来看,我国有 14 亿人口,一平均下来就不多了。从人均资源量来看,我国只是世界平均水平的 1/2;从人均耕地、草地资源来

看,都只有世界平均水平的1/3;从人均森林资源来看,只是世界平均水平的1/5;从人均能源占有量来看,只是世界平均水平的1/7;从人均石油占有量来看,我们就更低了,只是世界平均水平的1/10。

(2)从资源消耗量角度看,我国的消费增长速度十分惊人,缺口巨大。改革开放40多年来,随着国民经济的快速发展,资源消耗量的增长更加迅速。从1990年到2001年,我国石油消费量增长100%,天然气增长92%,钢增长143%,铜增长189%,铝增长380%,锌增长311%,10种有色金属增长276%。如今,我国钢材年消费量已经达到大约2.5亿吨,接近美、日和欧盟钢铁消耗量的总和,约占世界总消费量的40%;电力消费已经超过日本,仅次于美国,居世界第二位;水泥消耗约8亿吨,约占世界的50%。中国油气资源的储量不够10年消费,在铁、铜、铝等主要矿产的储量上,中国已失去绝对优势地位。2020—2033年,中国将迎来年530万至680万吨铜的消费高峰、1300万吨铝的消耗高峰,缺口分别达到6000万吨和1亿吨。我国原来钨、稀土、锑和锡等优势矿种的储量、产量和出口量均占世界第一,但因为这些年的滥采乱挖和过度出口,绝对储量已下降了1/3至1/2,如果按现有水平开采、消费和出口,再过10年便将告罄。

(3)从资源利用率角度看,我国与发达国家差距很大,仍处于粗放型增长阶段。以单位GDP产出能耗来看,如果日本为1,则意大利为1.33,德国和法国同为1.5,英国为2.17,美国为2.67,加拿大为3.5,而我国高达11.5。每吨标准煤的产出效率,我国相当于美国的28.6%、欧盟的16.8%、日本的16.3%。

(4)从资源的对外依赖度看,我国国内资源不足,仍严重依赖外国。2010年,我国石油的对外依存度达到57%,铁矿石达到57%,铜达到

70%,铝达到80%。2020年,我国石油的进口量超过5亿吨,天然气超过1000亿立方米,对外依存度分别为70%和50%。

(5)从资源再生化角度看,我国资源重复利用率远低于发达国家。例如水资源重复利用率,我们比发达国家低50%;废旧轮胎再生率,我们仅为10%,远低于发达国家。

总之,我国国内资源严重不足,已严重影响我国的经济安全。我国是一个经济大国,需要的自然资源这么多,自己又不够,依靠外国又不安全。怎么办?必须改换思路,节约资源,走绿色发展之路。

二、绿色发展是防治环境污染和荒漠化的重要途径

我们国家的荒漠化情况比较严重,现有荒漠化土地267.4万平方公里,占国土总面积的27.9%,而且每年仍在增加1万多平方公里。我国有18个省的471个县、近4亿人口的耕地和家园正受到不同程度的荒漠化威胁。荒漠化是因为缺水,我国人均水资源拥有量仅为世界平均水平的1/4。在600多座城市中有400座供水不足,其中100多座城市严重缺水。我国尚有3.6亿农村人口喝不上符合卫生标准的水。一方面是严重缺水,另一方面却是水资源的浪费和污染。我国水资源循环利用率比发达国家低50%以上,废水排放总量为439.5亿吨,远远超过环境的容量。我国七大江河水系,一半以上的河段水质受到污染,1/3的水体不适于灌溉,劣五类水质占40.9%,75%的湖泊出现不同程度的富营养化。

我国其他方面的情况也比较严重。根据全国环境统计公报,2001年,全国工业固体废物产生量8.9亿吨,生活垃圾超过1.5亿吨,固体废物总积存量超过60亿吨。我国废气中二氧化硫年排放量为1927万吨,烟尘排放量为1013万吨,工业粉尘排放为941万吨。这些触目惊心的数

字告诉我们,转变经济发展方式,遏制环境恶化,走绿色发展之路已刻不容缓。

三、绿色发展是调整产业结构、扩大就业的有效举措

绿色发展不仅仅要求节约资源、防止污染,也要求调整产业结构,转变经济增长方式,变粗放式经营为集约式经营,还要求大力发展环保产业,推行清洁生产。环保产业的发展是绿色发展的重要组成部分,它是国民经济和就业岗位新的增长点。1997 年我国第二产业平均劳动生产率为 22292 元/人,如果按此标准计算,1998 年环保产业投资占 GDP 的比重为 1.5%,相应带动 GDP 增加 3025 亿元,就可以提供约 1350 万个就业机会。根据 2001 年底国家环保总局第三次全国环保产业普查结果,2000年我国环保产业相关从业单位为 18144 个,从业人员为 317.6 万人,年收入总额近 1700 亿元,占 GDP 的 1.9%,分别比 1997 年增长了 100%、218%和 268%。现在 20 多年过去了,肯定不止这个数。这说明我国环保产业的潜力还是巨大的。

四、绿色发展是提高国际竞争力的客观要求

出口是带动一个国家经济发展的强大动力,但我国出口面临的一个障碍就是"绿色壁垒"。所谓"绿色壁垒",是指在国际贸易活动中,进口国以保护自然资源、生态环境和人类健康为由而制定的一系列限制进口的措施。我们不排除有的国家以此作为贸易保护主义的借口,但为了保护自然资源、生态环境和人类健康,对进口商品作一些限制还是必要的。国际标准化组织的 ISO14000 标准就已经被越来越多的国家所采用。所以,我们的绿色发展遇到的既是一个挑战,也是一个机遇,它可以促使我

们以更高的标准要求自己,从而提高国际竞争力。

五、绿色发展是保障人民幸福生活的最终选择

我们现在所做的一切,都是为了人民的幸福生活,而身体健康又是人民幸福生活的最重要的保证。如果健康是1,那么其他东西是0。有了健康可以拥有一切,1后面可以跟很多0;没有健康这个1,那么0再多也没用。而绿色发展和人们的身体健康息息相关。我们常说"病从口入",而我们吃的清洁食物、呼吸的干净空气,只有绿色发展才能提供。人的身体健康和心情愉快有很大关系,而绿色发展保护了我们的生态环境和社会环境,才能让我们赏心悦目、心情愉快。绿色发展不仅能促使生态文明和精神文明,还能促进物质文明,满足人们日益增长的物质和文化生活的需要。绿色发展不仅能保证我们这一代人的幸福生活,还能保证我们子孙后代的幸福生活。

第二章　绿色发展中的经济学

　　绿色发展追求的一个目标,就是自然资源的有效配置,而经济学就是研究资源有效配置的,所以,经济学是绿色发展理论的一个理论基础。这一章我们运用经济学的理论和方法对自然资源的有效配置进行一些分析,以说明经济学在绿色发展理论中的应用。经济学要用到许多数学模型,本书主要运用的是比较直观形象的数理模型,以此发挥经济学的解释功能,推导和证明绿色发展理念中的一些重要结论。

第一节　经济学与绿色发展理论

一、经济学与自然资本理论

　　经济问题是人类社会面临的普遍问题,它受到生产和消费的相互制约。在人类社会发展过程中,人的欲望是无限的,由此引起的对物品和劳务的需要也是无限的,但用来提供这些物品和劳务的生产资源却是有限的,这就叫资源的稀缺性。

经济社会中的生产资源也叫生产要素,主要包括劳动、资本、土地和企业家才能这四项。这里的土地不是狭义的土地,而是广义的土地,指的是土地以及它下面的矿藏(即金山银山)和它上面的森林、河流等(即绿水青山)。广义的土地是指自然资源。绿色发展理论主要涉及的是自然资源。资源稀缺性的存在,使得人们必须考虑如何使用有限的资源来满足人类无限的需要,这就诞生了经济学。

大多数经济学家把经济学定义为:经济学研究社会如何使用稀缺资源生产出有价值的商品,并把它们分配给不同的人。这个定义中最基本的思想有两点:一是资源的稀缺性;二是社会必须以有效率的方式使用资源。面对资源的稀缺性,个人、企业和政府等会作出各种各样的选择,这些选择共同决定了有限资源是如何使用的。这个过程叫作资源配置。所以,经济学也可以简单地定义为:研究资源有效配置的一门学科。

从经济学的定义中我们不难看出,绿色发展为什么要把经济学作为理论基础。这是因为绿色发展所要解决的两个主要问题:资源的浪费和环境的污染,每一个问题都和经济学的研究方向高度吻合,都是经济学所关心和研究的问题。在这本书里,我们之所以从经济学最简单的需求与供给说起,就是为了说明绿色发展和经济学这种密不可分的关系。甚至可以这么说,绿色发展理论就是经济学理论的一部分,是经济学的深入研究和实际运用。当然,一般经济学的研究对象主要是劳动和资本,而绿色发展理论的研究对象主要是自然资源。自然资源和其他资源相比有它的特殊性。所以,我们在研究绿色发展问题时不能照搬、硬套一般经济学的理论和方法,而要把一般经济学的理论和方法灵活地运用到绿色发展问题的研究中去,争取有所创新。

经济学里的自然资本理论对我们研究绿色发展中的很多问题都有帮

助。2002 年,在国际大都市生态、环境与可持续发展研讨会暨 2002 年圣保罗年会上,来自巴西里约热内卢的经济学家安东尼奥发表了题为《自然资本主义论》的论文,引起了与会者的关注。传统意义上资本有三种:加工资本(如基础设施、机器、工具和工厂等)、金融资本(如现金、投资等货币手段)和人力资本(如劳动、智力、文化、组织)。但安东尼奥认为,还存在第四种形式的资本——"自然资本",它由自然资源、生命系统和生态构成。安东尼奥指出,近代的工业资本主义过于追求盈利,而完全忽视了地球上最大的资本储备——自然资源和生命系统,以及作为人力资本基础的社会和文化系统,即"自然资本"。这种错误认识导致了在过去 30 年中,地球上 1/3 的自然资源已被消耗殆尽。淡水生态系统和海洋生态系统正以每年 6% 和 4% 的速度消失,人类真正感到了生存环境恶化的威胁。解决之道在于,必须把环境纳入资本范畴。环境不再是生产以外的因素,而是"包容、供应和支持整个经济的一个外壳"。为此,安东尼奥提出四项战略建议:提高自然资源基本生产率,减少废料生产,发展服务和流通经济,向自然资本投资。其核心是通过主动行动,使生物圈生产出更丰富的自然资源,推动生态系统服务,减少环境破坏,促进经济可持续发展。与会许多专家认为,"自然资本"概念富有启发性。工业经济追求个体利益而忽视环境保护的做法在新的世纪已备受指责。在同一片蓝天下,任何破坏环境的个体行为不仅害人,最终也将害己。

有了自然资本理论以后,绿色发展中的很多现象得到了很好的解释。为什么"绿水青山就是金山银山"?因为绿水青山是一种自然资本,它能创造更大的价值。什么是绿色乘数?它就是自然资本的投资乘数。我们的绿色发展,是"绿色"和"发展"的紧密结合;而自然资本的投资,既包括被动的环境治理,又包括主动的经济发展。环境治理是"烧钱"的事情,主要解决经济发展导致的负外部性问题;而自然资本的投资是创造价值的事情,主要利用自然资本的正外部性创造经济增长的新动力。自然资本的存量越大,经济的安全系数、发展前景就越大。所以,自然资本是中国乃至世界新的增长动力,发掘绿水青山的价值,正是绿色发展所倡导的目标和宗旨。自然资本的出现,改变了世界未来的投资结构和投资方向,将使世界经济重获生机。自然资本理论也给绿色发展理论添砖加瓦,使这个理论更加厚实,更加丰富多彩。

二、绿色发展理论的基本假设和研究方法

经济学既然是绿色发展理论的理论基础,那么经济学的基本假设也就是绿色发展理论的基本假设。经济学的基本假设是经济人假设,它有两方面的内容:(1)在经济活动中,经济主体(包括居民户、厂商和政府等)所追求的唯一目标就是自身的经济利益最大化。也就是说居民户追求效用最大化,厂商追求利润最大化,政府追求政绩最大化。(2)经济主体所有的经济行为都是有意识的和理性的,不存在经验型的或随机性的决策。那么,毫无疑问,绿色发展理论的基本假设也是经济人假设。试想,企业如果不以利润最大化为目标,它会乱采资源、乱排废料吗? 所以要对这些现象进行实证分析,还是要以经济人假设为前提。

有人不理解为什么要有假设。这是因为没有假设把复杂的事物简单化,就没办法从一团乱麻中找到头绪。所以科学理论都有假设。但为什么要假设人人都是自私自利的呢? 这是因为这样更接地气,出台的政策更有利于执行。有这么一个故事,说在春秋战国时期,鲁国有这样一条规定:凡鲁国人到其他国家看到有鲁国人当奴隶的,可以先把人赎回来,再到官府报销费用,还能得到奖励。一次,孔子有一个弟子赎了一个人回

来,却没有报销费用,也没有领取奖励,人们纷纷夸奖他品格高尚。谁知孔子知道后不仅没有表扬他,反而说他做得不对。这是为什么呢?这是因为如果他受到表扬,那么那些赎了人要求报销和奖励的人就会被反衬为不高尚。于是人们遇到这种事就会很纠结,赎一个人要花不少钱,报销了有人诋毁,不报销又负担不起。怎么办?干脆装着没看见。这样一来鲁国的这条解救奴隶的政策就会泡汤。事实上,我们的很多政策都是以经济人假设为前提的,照着办就有利,不照着办就要受到惩罚,这才能鼓励和约束人们去执行。如果违背经济人假设的行为受到鼓励,就可能使这个政策很难执行下去。所以,奥地利经济学家哈耶克说:制度设计的关键在于假设,从"好人"的假设出发,必定设计出坏制度,导出坏结果;从"坏人"的假设出发,才能设计出好制度,得到好结果。

绿色发展理论的研究方法也和经济学一样,主要是均衡分析的方法。均衡分析是经济学借用物理学的概念而来的,物理学中一根棉线拴着一个重物,该重物由于外力的作用来回摆动,最后停止在一个静止状态,这就叫均衡。19世纪末,英国的经济学家马歇尔把这一概念引入经济学,主要指各有关变量在相互作用之后处于静止状态。通常我们将需求曲线和供给曲线放在一个坐标系里,让需求的力量和供给的力量在里面相互作用。当需求曲线与供给曲线相交于一点时,这两种力量就处于均衡状态。经济学之所以要用均衡分析的方法,就是因为需求和供给这两种力量时刻在较量,在变动,令人眼花缭乱。只有在它们相对静止的时候,我们才能比较清楚地看到它们较量的阶段性成果,才能据此预测未来的发展方向。均衡分析用于分析各种经济变量之间的关系,说明均衡是如何实现的,它是怎样变动的。绿色发展也是研究人与自然的关系怎样才能实现均衡发展,所以均衡分析是绿色发展理论中常用的一种方法。

本书既然选择经济学作为分析工具,必然要用到数学模型。数学模型里既有数理模型,也有计量模型,本书主要用数理模型,就是假设其他的经济变量都不变,只留下两个经济变量,一个用横轴表示,另一个用纵轴表示,再用曲线来表示它们之间的关系。我们知道,数学的逻辑性是很强的,之所以大量使用数理模型,就是为了让结论在逻辑上更能站得住脚。

我们用均衡分析和模型分析的方法产生了一些新的结论,如绿色乘数定理、丰产不丰收定理、绿水青山定理、可持续发展定理等。之所以把它们称为定理,首先是因为它们都经过了模型的检验,在逻辑上能站得住脚;其次也是为了和一般的文科书籍相区别,用理科元素吸引读者的注意;第三则是希望能在这些定理的基础上推演出更多新的结论,而不必每次都要回到原点。其实,经济学里用模型证明的结论被称为定理的也不少,比如罗伯津斯基定理,它就是在坐标系里用横轴表示劳动,纵轴表示资本,用两个平行四边形证明的。

均衡分析可分为局部均衡分析和一般均衡分析。局部均衡分析是马歇尔提出来的,考察的是在其他条件不变时,单个市场的均衡与变动。一般均衡分析是瓦尔拉斯提出来的,它是研究所有经济变量在相互作用下是怎样达到均衡的,又是如何变动的。我们这里将局部均衡分析和一般均衡分析分开来叙述,并没有遵循严格的分类标准,只是简单地将需求曲线与供给曲线相交时实现的均衡称为局部均衡,将价格线和生产可能性曲线、无差异曲线相切时实现的均衡称为一般均衡。这样做只是为了叙述的方便而已。

三、绿色发展理论研究对象的属性

不论是绿水青山还是金山银山,它们都是自然资源。自然资源是指人类可以直接从自然界获得,并用于生产和生活的物质与能量。它们既是自然环境的重要组成部分,又是自然环境与人类连接的纽带。因为自然资源是绿色发展理论研究的对象,所以我们在正式展开论述之前有必要分析一下它的属性。绿色发展理论正是从自然资源的多重属性出发来展开论述的。

自然资源具有多重属性:有用性、地域性、稀缺性和可替代性。

自然资源的有用性指的是自然资源可以满足人类某种需要的属性。绿水青山能够为人类提供粮食棉花等各种生活必需品;金山银山(这里指矿山)能够为人类提供煤炭石油等各种生产必需的原料。所以我们说,既要绿水青山,又要金山银山。自然资源是人类赖以生存和发展的基础。

自然资源的地域性指的是自然资源的分布极不平衡。绿水青山在我国北方不如在南方更普遍。金山银山在南方却不如在北方更常见。北方稀松平常的石头和沙子,在南方却是宝贝,所以有人不惜破坏绿水青山也要把它们挖出来。南方做到绿水青山很容易,温润的气候很适宜树木生长,可在北方每年都要花大力气植树造林、退耕还林。北方人来到南方往往被那里优美的自然风光所吸引,感叹老天爷不公平。南方人来到北方往往被那里丰富的矿产资源所吸引,也认为老天爷不公平。其实老天爷还是很公平的,不能让你什么都有,否则人类就不会努力奋斗了。由于我国地域辽阔,人们很难把南方的绿水青山搬到北方去,把北方的金山银山搬到南方来,这就是自然资源的地域性。"愚公移山"反映了人们的美好愿望,实际却很难做到。

自然资源的稀缺性可以从两个方面来说。从绝对意义上说,不论是绿水青山还是金山银山,它们的数量都是有限的,取一点就少一点,不可能取之不尽用之不竭。从相对意义上说,人们的欲望是无限的,相对于人们无限的欲望来说,再多的资源也嫌少。有一个故事,说有一个人夜里到了太阳山,看到那就是一座金山,有数不尽的金子,高兴极了。本来挖一些就可以了,但他太贪心,挖了又挖舍不得走,结果太阳出来了,把他烧死了。人类如果不能对自然资源进行有效的保护和有节制的开发,最终会毁灭整个地球和人类。

自然资源的可替代性是说,随着科学技术的进步,在价格机制的作用下,很多资源都可以找到它的替代品。有一个故事可以说明自然资源的这个性质。20 世纪 80 年代,斯坦福大学有一个教授叫保罗·埃尔里奇,他认为由于人口爆炸、不可再生性资源的消耗、食物短缺、环境污染等原因,人类的前途令人担忧。马里兰州立大学也有一个教授叫朱利安·西蒙,他认为人类社会的技术进步和价格机制会解决人类社会发展中出现的各种问题,所以人类社会的前途还是光明的。两种观点开始辩论,谁也说服不了谁,最后打赌。赌什么呢? 赌不可再生性资源是否会消耗完的问题。他们选了 5 种金属:铬、铜、镍、锡、钨,各自以假想的方式每种金属买入 200 美元,以 1980 年 9 月 29 日的价格为准。如果再过 10 年,这 5 种金属的价格在剔除通货膨胀的因素后上升了,就表明埃尔里奇赢了,因为他说不可再生性资源总有一天会消耗完,东西越来越少,价格自然会上升。否则表明西蒙赢了,因为他说技术进步和价格机制会解决人类社会发展中出现的各种问题,这 5 种金属数量不会减少,价格自然不会上升。既然是打赌,那就要有赌资,输的人要向赢的人支付这 5 种金属的总差价。结果过了 10 年,到了 1990 年 9 月 29 日,这 5 种金属无一例外都降了价。埃尔里奇输了,不得不将这 5 种金属的总差价 57607 美元交给了西蒙。埃尔里奇之所以输了,是因为他只看到了自然资源的有限性,没有看到它的可替代性。世界上任何资源都有替代品,当这些资源的价格上升时,会刺激人们去开发和使用它们的替代品,对它们的需求量就会减少,价格就会下降。比如在青铜器时代,人们的很多用品都是用青铜制造的:铜锅、铜镜、铜剑、铜币等。这些东西现在只能在博物馆里才能见到,这是因为随着青铜器使用量的增加,青铜矿减少,价格上升,人们就去寻找它的替代品。而随着科学技术的进步,它的替代品越来越多,就出现了铁锅、玻璃镜、铁剑和纸币。有人担心随着工业化的进程,石油越用越多,到时候地球上的石油开采完了怎么办? 世界末日是不是就到了? 我们说这种担心是多余的,因为现在人类已经找到了很多石油的替代品,比如风能、太阳能、原子能等,新能源产业因此蓬蓬勃勃地发展起来了。所以,人类的前途还是光明的。不过,西蒙的观点也不能说就是完全正确的。事实证明,环境污染问题仅靠技术进步和价格机制还是难以解决的,必须要有政府的强有力的干预和全社会的共同努力。

第二节　绿色发展的局部均衡分析

一、自然资源的需求和消费者剩余

由于自然资源的有用性,人们就对它有需求。自然资源的需求是指在某一特定时期内,在每一种可能的价格下,消费者愿意并且能够购买的某种自然资源的数量。需求和需要不同,需求有两个条件,一个是有购买愿望,另一个是有购买能力。需要只有一个条件,那就是有购买愿望。

由于自然资源具有可替代性,所以它的价格和需求量之间存在着反向变动的关系。不同的自然资源,可替代品的数量是不同的,因而需求量随价格变动的幅度也是不同的。如果一种资源的可替代品数量多,价格只要提高一点,人们就去寻找它的替代品,从而使得需求量减少很多,我们称这种资源的需求富有弹性。如果一种资源的可替代品很少,那么它的价格虽然上升很多,但人们很难找到它的替代品,所以它的需求量不会减少很多,我们称这种资源的需求缺乏弹性。

一种资源的需求是富有弹性还是缺乏弹性,可以用图形来表示。我们用横轴表示需求量,纵轴表示价格,由于资源的价格和需求量之间存在着反向变动的关系,因此它的需求曲线是向右下方倾斜的。需求富有弹性,需求曲线倾斜的幅度大;需求缺乏弹性,需求曲线倾斜的幅度小。

在图 2-1 中,左图的 D 是富有弹性的资源需求曲线,它比较倾斜;右图的 D 是缺乏弹性的资源需求曲线,它比较陡直。如果一个景点的自然景观没有什么特色,它可以采用降价的形式获取最大的收益。如图 2-1 左图所示,因为没有特色,就有很多的可替代品,从而需求富有弹性,需求曲线比较倾斜,没有降价前的收益为 OP_1AQ_1,降价后的收益为 OP_2BQ_2,OP_2BQ_2 的面积>OP_1AQ_1 的面积,表明降价后景点的收益增加了。如果一个景点的自然景观很有特色,那就不用采取降价的形式。正如图 2-1 右图所示,因为有特色,所以缺少可替代品,从而需求缺乏弹性,需求曲线比较陡直,没有降价前的收益为 OP_1AQ_1,降价后的收益为 OP_2BQ_2,OP_2BQ_2 的面积<OP_1AQ_1 的面积,表明降价以后景点的收益反而减少了。有特色

的景点之所以不能降价促销,还因为降价后游客会大量增加,有可能超过
景点的承受能力,使自然资源受到破坏。

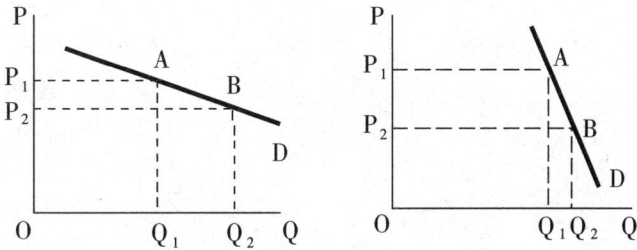

图 2-1　需求富于弹性(左图)和缺乏弹性(右图)

和自然资源的需求联系在一起的一个概念叫消费者剩余,它是消费
者消费某种资源时愿意付出的价格和实际付出的价格之间的差额。比如
某一家三口到某一景点去旅游,这里自然风光秀丽,人文景观独特,服务
设施齐全,服务态度良好,他们玩得很高兴。走的时候一算账,全家人连
吃带住带门票,原以为要花 800 元,结果只花了 500 元,他们很满意,觉得
这钱花得值。这种物超所值的感觉就叫消费者剩余。这一家人在这个景
点的消费者剩余为 800-500＝300 元。

消费者剩余的大小还可以用图形来表示。在图 2-2 中,D 是需求曲
线,它向右下方倾斜,表明消费者对每一单位自然资源愿意付的价格是不
同的。当他购买 OQ_1 的自然资源时,愿意付的价格是梯形 OQ_1BA,但市
场价格是 OP_1,所以他实际上只需要支付矩形 OQ_1BP_1 的价钱就行了。他
愿意付的减去他实际付的,即梯形 OQ_1BA 的面积-矩形 OQ_1BP_1 的面积=
三角形 P_1BA 的面积(阴影部分),就是消费者剩余。消费者剩余的大小一
般用需求曲线、纵轴和价格线所夹的面积来表示。它越大,表明消费者
越觉得值;它越小,表明消费者越觉得不值。所以,景点之间的竞争其实

就是游客的消费者剩余的竞争,哪个景点能让游客获得更多的消费者剩余,那个景点就能吸引更多的游客,从而获得进一步发展;哪个景点不能让游客获得更多的消费者剩余,那个景点就不能吸引更多的游客,从而失去进一步发展的机会。

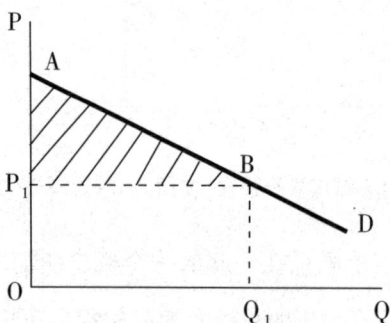

图 2-2　自然资源的消费者剩余

消费者剩余的概念有助于我们理解自然资源的价格。有些自然资源的价格比较好理解,比如石油、煤炭,以及旅游景点,它们的价格由市场来决定。有些自然资源的价格就不太好理解了,比如空气、河水,它们有价格吗? 有人认为没有价格,人们可以随便呼吸、随便饮用。其实它们是有价格的,只不过它们的价格无法直接体现,只能间接体现。

如图 2-3 所示,横轴 0Q 表示空气的污染程度,纵轴表示与那些空气污染减少相关的住宅的价格,则房主对洁净空气的需求可以用那条向右下方倾斜的曲线来表示。假定某一房主住在一个空气严重污染的城市里,污染水平达到 10 个单位。如果空气污染每减少 1 个单位要花 200 元,他选择了需求曲线上的 A 点,以获得 5 个单位的污染减少,同时付出 1000 元的代价。那么,因为他对污染减少的估价,除了最后一单位,都超过 1000 元,结果图中阴影部分就是他的消费者剩余,即净化空气的价格

（即大于支付的数额）。因为阴影部分的面积为 5×1000÷2＝2500，所以污染减少对他来说的价格就为 2500 元。

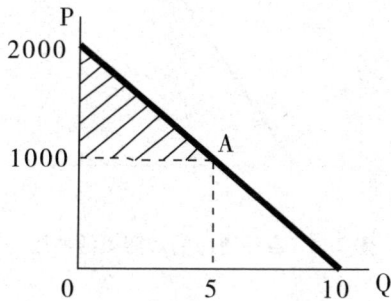

图 2-3　洁净空气的价格

二、自然资源的供给和政府干预

在经济学里，土地的概念不仅包括土地，还包括江河、湖泊、草原、山脉、森林、矿产等。所以，土地就是自然资源的代表。在我们国家，城市土地是国家所有的，由政府代管；农村土地是集体所有的，由政府监管。所以，可以把政府看成是自然资源的供给者。政府要向资源的使用者收取一定的费用，这个费用就是自然资源的使用价格。

自然资源的供给是指在某一特定时间内，在各种可能的使用价格下，自然资源的所有者愿意并且能够提供的某种自然资源的数量。为了自然资源的节约和合理使用，自然资源的供给必须遵循价值规律，即使用价格高，供给就多；使用价格低，供给就少。所以，在短期来说自然资源的供给量与使用价格之间是同方向变动的关系。如果用横轴表示供给数量，纵轴表示使用价格，那么供给曲线就是一条向右上方倾斜的曲线。如图2-4 所示。

P

S

O

Q

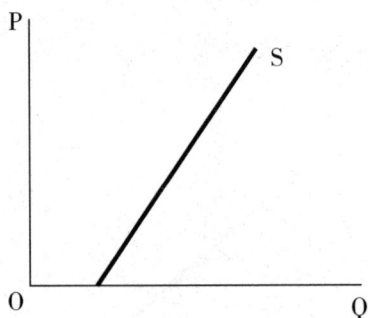

图 2-4　自然资源的短期供给曲线

不同的自然资源,使用价格的变动所引起的供给量变动的幅度是不一样的,这叫供给弹性不同。自然资源的供给弹性与获取自然资源的难易程度有关,难以获取的,供给缺乏弹性;容易获取的,供给富有弹性。由于自然资源的有限性,很多自然资源又难以获取,所以短期来说其供给是缺乏弹性的,表现为供给曲线比较陡直。

认识资源供给弹性这一特点对政府干预经济有重要意义。有一个例子说,在美国西部的加利福尼亚州,由于能源供给长期都比较紧张,所以自 20 世纪 70 年代以来政府实施了一系列能源控制计划。比如政府对新建居民住宅实施强制性的节能标准:所有新建住宅必须应用隔热性材料等。由于政府管制,自 1976 年起,该州用于供暖与空调的天然气与电力节约了 50%,整体能源消耗下降了 1/3。但是里根政府上台后,美国新自由主义经济学重新抬头,加州的能源管制政策遭到了以弗里德曼为首的自由派经济学家的抨击。他们认为,如果加州的能源紧张,那么价格就会上涨。这一方面会使人们减少能源的使用,另一方面会使能源供应商增加供给,这样能源的紧张局面就会扭转。所以,政府干预不仅多余,而且还干扰了市场运作。在这些经济学家的鼓动下,里根政府放弃了对加州的能源管制,使能源使用量猛增,价格上涨,光电价就翻了十几倍。可加州的能源供求关系不仅没有因市场调节而趋于缓和,反而愈加紧张。2000 年夏天,加州终于遭遇了前所未有的供电危机。为防止输电网络瘫痪,供电部门不得不对住宅和商业设施实行轮流停电管制。2001 年,电力危机继续恶化,全州共停电 34 天,其影响如同一场经济危机。最后,加州政府重新启用了严格的能源管制措施。为什么政府一放弃对能源的管制,就导致了能源供给的紧张?

这是因为能源这种资源的获取比较困难,专用性强,固定资产占用大,生产周期长,所以其供给缺乏弹性。尽管能源价格的上涨会使供给增加,但增加的幅度有限。如图 2-5 所示,能源价格从 OP_1 到 OP_2 有一个较大幅度的上涨,只能使供给量从 OQ_1 到 OQ_2 出现一个较小幅度的增加。与此同时,能源作为一种生活必需品,人们对其需求并不会因为价格上涨就会有大的减少,因而其需求也缺乏弹性。这样就会造成能源供应的进一步紧张,推动价格进一步提升。价格的上涨又使得很多用户无法及时交纳电费,使得能源公司不仅得不到应得利润,反而濒临破产,不得不求助于政府帮助和保护。

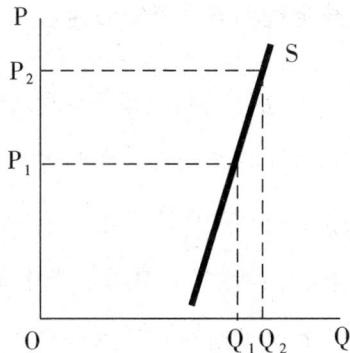

图 2-5　能源供给缺乏弹性

和供给曲线联系在一起的一个概念叫生产者剩余,它等于生产者出卖商品所得到的价格减去生产者实际支付的成本。生产者剩余的概念和消费者剩余的概念不同,消费者剩余是消费者的感受,生产者剩余是生产者实实在在得到的好处。生产者剩余的大小可用供给曲线、价格线和纵轴所夹的面积来衡量,如图 2-6 所示的阴影部分就是生产者剩余。由于自然资源的供给缺乏弹性,所以生产者剩余的很大一部分是负数。如果政府和社会不支持,自然资源的生产者将难以为继。所以我国对治沙造林实行补贴政策,500 亩以下的每亩补贴 100 元,500 亩以上的每亩补贴150 元。对其他成片造林每亩补贴 50 元。

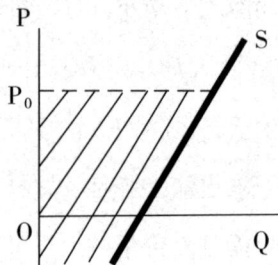

图 2-6　自然资源的生产者剩余

三、土地价格上升定理和丰产不丰收定理

在经济学中,当一个经济量与其他经济量相互作用达到一种相对静止的状态,就称该经济量处于均衡状态。我们将需求曲线与供给曲线放在一个坐标系里,它们相交时在交点位置就实现了均衡,这时的价格称为均衡价格,这时的数量称为均衡数量。均衡状态不断会被打破,旧的均衡被新的均衡所取代,人类社会就是这样不断进步。我们用均衡价格理论来证明两个定理。

1. 土地价格上升定理

在长期,当自然资源只有一种用途即生产性用途时,其供给是固定不变的,表现为供给曲线是一条垂线。如图 2-7 所示,S 为土地的供给曲线,它是一条垂线。D_1 为原来的土地需求曲线,它与 S 交于 E_1 点,决定了原来的地租为 OP_1。D_2 表示现在的土地需求曲线,它在 D_1 的右上方,与 S 交于 E_2 点,决定了现在的地租为 OP_2。$OP_2>OP_1$,表明地租提高了。随着人口的增长、社会的进步和人民生活水平的提高,地租还会上升。也就是说,土地会越来越值钱。这就是土地价格上涨定理。所以我们国家公布了全国国土规划纲要(2016—2030 年),它要求到 2020 年、2030 年,我国耕地保有量要保持在 18.65 亿亩、18.25 亿亩以上。土地是我们国家最重要的自然资源,保住土地红线就是保住我们自己的生命线。

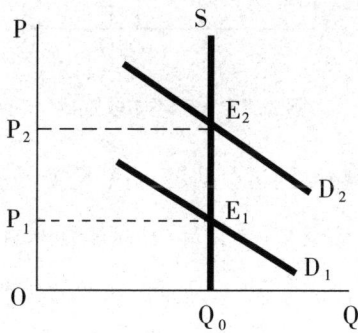

图 2-7　土地价格上升定理

2. 丰产不丰收定理

所谓丰产不丰收定理,就是在土地没有规模化经营的条件下,虽然农作物的产量增加了,但农民的收入不一定增加,甚至还有可能减少。这里的"产",指的是产量;"收",指的是收入。如图 2-8 所示,横轴 OQ 表示小麦数量,纵轴 OP 表示小麦价格,D 是小麦的需求曲线。因为小麦是生活必需品,很少有替代物,所以它的需求缺乏弹性,需求曲线 D 比较陡直。S_1是头一年小麦的供给曲线,它与 D 相交于 E_1,决定了当年小麦的均衡价格为 OP_1,均衡数量为 OQ_1,农民的收入为矩形 $OQ_1E_1P_1$ 的面积。第二年小麦丰产了,供给曲线右移到 S_2,S_2 与 D 相交于 E_2,决定了第二年小麦的均衡价格为 OP_2,均衡数量为 OQ_2,农民的收入为矩形 $OQ_2E_2P_2$ 的面积。显然,$OQ_2E_2P_2$ 的面积<$OQ_1E_1P_1$ 的面积,表明虽然小麦丰产了,但农民的收入却下降了。

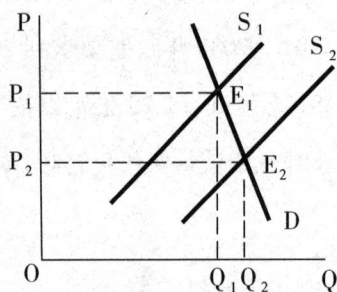

图 2-8　丰产不丰收定律

不光小麦的生产会碰到这个问题,自然资源的利用也会碰到这个问题。比如大家都搞植树造林、美化环境,结果绿水青山多了,乡村旅游反而不赚钱了。这没有什么奇怪的,这是由农产品和农村的特点所决定的。农产品是必需品,它的需求缺乏弹性;绿水青山也是必需品,它的需求也缺乏弹性。所以虽然产量上去了,但由于产品数量增加引发的价格下降的幅度更大,必然会出现丰产不丰收的情况。在农村土地没有规模化经营以前,丰产不丰收就是一条必然规律,谁也改变不了,再努力再科技进步也不行,政府的支持价格也不能解决长远问题。那么怎么办呢?现实逼得我们不得不走城镇化的道路。也就是说,农村只留下少数人种庄稼,搞规模化经营,大部分人进城打工。乡村旅游也只留给有特色的地方去搞,其他村庄任它荒芜成为动植物的天堂。大片土地只有由少数人种植才能搞机械化,实现规模化生产,产量多了分的人少,每个人的收入才能提高。景点实行的则是规模化消费,因为有特色所以游客多,收入也就多,每个经营者分的也就多。现在很多地方已经出现了这种迹象,这是大势所趋。这样不仅能丰产丰收,而且自然资源也能得到很好的保护和利用。

四、利润最大化原则与资源节约

企业的目标是利润最大化。有人认为自然资源使用得越多,企业的利润就会越大。其实不是这样的。企业在生产过程中,起初随着资源使用量的增加,企业利润是增加的,且当资源的使用达到一定量时企业利润最大,但这时如果再增加资源的使用,却只会造成资源的浪费,企业利润不仅不会增加,反而会减少。为什么会这样呢?我们来看企业的利润是怎样产生的。

企业利润等于企业的收益减去企业的成本。企业的收益并不会随资源使用量的增加而一直增加下去,这是因为有一个边际收益递减规律在起作用。边际收益就是每增加一个单位资源所增加的收益。它之所以会递减,是由资源的性质所决定的。由于资源的有用性,最初资源的使用会给企业带来收益。又由于资源的有限性,使该资源越用越少,价格越来越贵。还由于资源的可替代性,贵的资源就会被便宜的资源所取代,导致该资源的收益减少。如图 2-9 所示,横轴 OQ 表示资源的使用量,纵轴 0R 表示企业的收益,TR 表示企业的总收益曲线,它呈抛物线形,OQ_0 是企业总收益最大时的资源使用量,超过了 OQ_0,企业总收益减少。

企业总成本的变化如图 2-10 中的 TC 曲线所示:起初随着资源使用量 Q 的增加,企业总成本 TC 增加比较快,这就像汽车刚起动时油耗比较

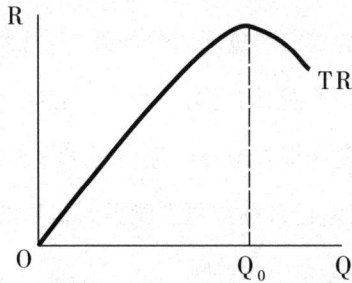

图 2-9　企业的总收益曲线

高一样。然后企业成本的增长减缓,就像汽车的行驶进入了正常状态,油耗减少。最后企业成本又快速增长,就像汽车超速行驶,油耗又增长比较快。总收益曲线 TR 和总成本曲线 TC 所夹的部分就是企业利润。我们可以看到,随着资源使用量 Q 的增加,企业利润逐渐增加。当资源使用量增加到 OM 时,企业利润为 AM-BM = AB,达到最大。此时,如果再增加资源使用量,企业利润会减少。

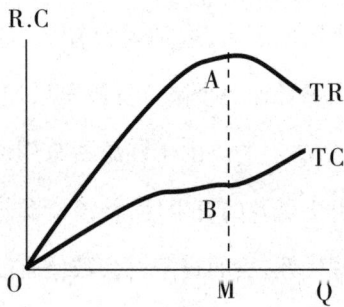

图 2-10　利润最大时的资源使用量

设企业利润为丌,它和企业总收益 TR、总成本 TC 一样,都是资源使用量 Q 的函数,就有利润函数:

$$丌(Q) = TR(Q) - TC(Q)$$

我们用求最大值的办法,寻找企业利润最大时的资源使用量。给上式两端求导并令导数为零,就有:

d 丌(Q) = dTR(Q) － dTC(Q) = 0

得 dTR(Q) = dTC(Q)

给总收益求导,得边际收益 MR。给总成本求导,得边际成本 MC。边际成本指的是每增加一个单位资源所增加的成本。所以,当边际收益等于边际成本,即 MR = MC 时,企业利润达到最大。这时的资源使用量为最佳资源使用量。有了这个概念,我们就不会盲目使用资源了。当其边际收益等于边际成本时就不能再增加资源的使用了,否则就会造成资源的浪费。

边际收益等于边际成本,这是企业利润最大化原则。根据这个原则,我们不仅能够把握自然资源的使用量,还能确定自然资源的价格。我们来看下面的一个例子。浙江杭州灵隐寺,是一个著名的旅游景点,进去是要收门票的。灵隐寺外面有一个虎跑泉,据说用这里的泉水泡龙井茶可称为绝配,很多人提着塑料桶到这里排队接水,是不收钱的。为什么? 这个问题可能很多人没想过。

灵隐寺和虎跑泉,它们一个是人文资源,一个是自然资源,因为可替代程度不同,所以一个收钱一个不收钱。灵隐寺是江南禅宗"五山"之一,规模之宏伟居"江南之冠",可替代程度低,需求缺乏弹性,需求曲线比较陡直。虎跑泉虽好,但一般人很难区分它和瓶装矿泉水有什么不同,可替代程度高,需求富有弹性,需求曲线比较平缓。假定它们都收钱,边际成本为零,即增加一个人游览或饮用不会增加成本。因为每个消费者愿意并且能够购买的门票或泉水价格(即需求)就是经营者的平均收益,所以需求曲线 D 和平均收益曲线 AR 重合为 d(AR);又因为边际成本为零,所以边际成本曲线 MC 和横轴 OQ 重合为 Q(MC)。那么从图 2-11 可知,它们利润最大化的点是边际收益曲线 MR 和边际成本曲线 Q(MC)的交点 E,E 在 d(AR)上所对应的点为 F,F 所决定的价格为 OP₁。这样,收钱可得收益为 OEFP₁。通过左右两个图的比较我们很容易看出:灵隐寺的收益大,值得收钱;而虎跑泉的收益小,不值得收钱。

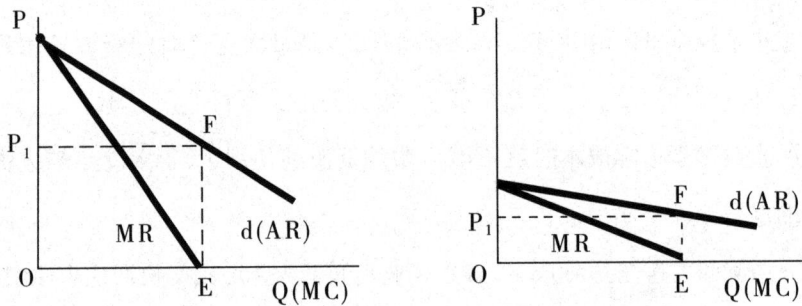

图 2-11　灵隐寺(左图)和虎跑泉(右图)收益比较

五、生态环境的污染与治理

环境污染是绿色发展的一个大挑战。我们先看环境被污染的代价。如图 2-12 所示,横轴 OQ 代表企业产量,纵轴 OP 代表产品价格。MC 是企业排污的私人边际成本,SMC 是企业排污的社会边际成本,它们都随着产量的增加而增加,所以都是向右上方倾斜的。但由于企业排污污染了环境,其成本却要社会来承担,所以 SMC>MC,SMC 曲线在 MC 曲线的上方。d(AR)既是需求曲线,又是平均收益曲线。MR 是企业的边际收益曲线,它在 d(AR)曲线的下方。

对于企业来说,为了实现利润最大化,其产量由边际收益等于边际成本来确定。MR 与 MC 交于 E₁点,确定产量为 OQ₁,价格为 OP₁。对于社

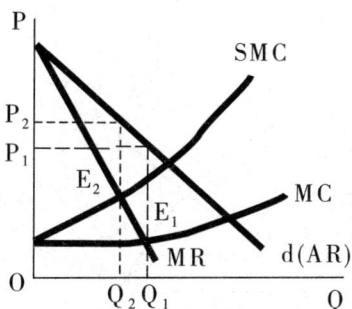

图 2-12　自然资源被污染的代价

会来说,为了社会利益最大化,该企业产量应该由企业边际收益等于社会边际成本来确定。MR 与 SMC 交于 E_2,决定该企业产量为 OQ_2,价格为 OP_2。显然,$OP_2 > OP_1$,该企业的社会代价高于该企业的代价,其差额 P_1P_2 就是环境被污染的代价。

环境污染的治理光靠市场是不行的,需要政府来干预。政府也不能完全消除污染,这不仅是因为技术水平达不到,也是因为污染治理要花成本。那么,污染的治理应该达到什么样的程度呢? 这就要边际收益等于边际成本,实现社会利益的最大化。图 2-13 显示,横轴以百分比的形式表示污染的减少量,纵轴表示单位污染减少所花费的成本。MR 是边际收益曲线,MC 是边际成本曲线,MR 和 MC 交于 E 点,决定了最佳污染程度为 OD。

污染治理一般有三种办法:一是规定排放标准,超过标准要惩罚;二是对排污收费,排的多收的多;三是实行可转让许可证制度,即有了许可证才能按要求排放,许可证可以买卖。这三种办法各有优缺点。图 2-14 表示的是前两种办法的理论依据,其中横轴 OQ 表示废物排放量,纵轴 OC 表示单位排放成本。MC 是减少排放的边际成本,即企业安装废物处

成本

MC

E

M R

O   D   污染减少

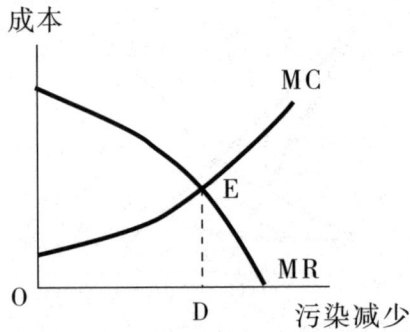

图 2-13　污染治理的程度

理设备的成本。它向右下方倾斜,是因为随着排放量的增加,产生了规模经济效应,每增加一单位排放所增加的成本是递减的。SMC 是排放的社会边际成本,它向右上方倾斜。SMC 和 MC 交于 E 点,表明这时社会边际成本与企业减少排放的边际成本相等,决定了 OM 是有效排放标准。超过了这个标准,说明由此增加的社会成本无法得到补偿,因此企业要受到惩罚。该标准的严格执行将迫使企业安装匹配的废物处理装置。SMC和 MC 交于 E 点,也决定了收费标准为 ON。这种办法虽然没有限制排放量,但排放多收费多,也迫使企业采取措施减少排放。

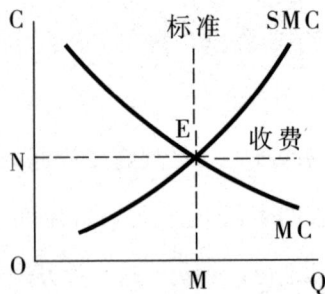

C   标准   SMC

E   收费

N

MC

O   M   Q

图 2-14　设立排放标准或收费

这两种办法究竟采取哪一种要根据具体情况而定。当 SMC 很陡而 MC 较平坦时,不减少排放的成本是很高的,这时标准优于收费。在信息不完全时,标准使排放水平确定而减污成本不确定。另外,收费使减污成本确定而排放水平的降低不确定。因此,哪种办法好取决于不确定性的性质和成本曲线的形状。[①]

第三种办法即可转让许可证制度,它既有政府调控又有市场运作。比如某条河流每年最多允许排放多少吨废料,政府给沿河的每家企业分配了排污许可。但是不同的企业由于产业性质的不同或购置的除污设备的不同,处理废料的成本是不同的,于是成本高的企业就可以向成本低的企业购买排污许可。这样总的排污量控制住了,购置先进除污设备的企业又可以通过卖出排污许可使成本得到补偿。这个办法把标准制度下的某些优点和收费制度下的某些优点结合起来,所以还是有一定吸引力的。

第三节　绿色发展的一般均衡分析

一、社会福利最大化

绿色发展的目的,就是实现社会福利最大化。社会福利涉及到生产和消费两个方面,是生产和消费的均衡发展。下面我们考察社会福利最大化是如何实现的,为此要用到两个工具:生产可能性曲线和无差异曲线。

---

① ［美］罗伯特·平狄克、丹尼尔·鲁宾费尔德:《微观经济学》,李彬译,中国人民大学出版社 1997 年版,第 514—518 页。

自然资源的稀缺性产生了一系列经济问题。考虑一个经济社会,它既要青山,又要矿山,因为这两类自然资源都是必需的,又是有限的,所以我们只能选择两者的一个数量组合。如图 2-15 所示,横轴表示矿山的数量,纵轴表示青山的数量。如果某一个经济社会用全部的资源开发矿山,可以开发 OA 个单位;用全部的资源开发青山,可以开发 OB 个单位,那么,连接 A、B 两点,就得到了这个社会的生产可能性曲线。在图 2-15 中,AB 是生产可能性曲线,E 是 AB 上任意一点,它所表示的两种资源的组合是可以实现的,也得到了充分利用。C 是 AB 内任意一点,它所表示的两种资源的组合虽然可以实现,但资源没有得到充分利用。D 是 AB 外任意一点,它所表示的两种资源的组合虽然数量多,但无法实现。所以,要想实现社会福利最大化,我们只能在生产可能性曲线 AB 上来选择青山和矿山究竟哪个多使用一些,哪个少使用一些。

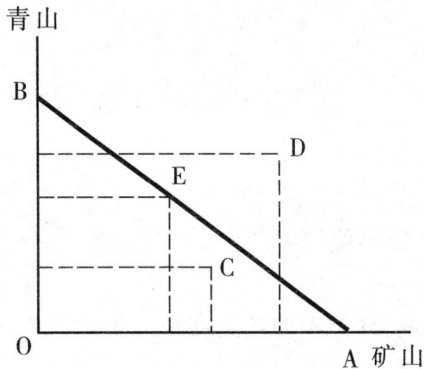

图 2-15 生产可能性曲线

一个经济社会不仅需要生产不同的资源,也需要消费不同的资源。该社会消费一定数量的资源组合所得到的满足程度是无法准确衡量的,但可以将满足程度的大小进行排序。如果我们能够将给社会带来相同满足程度的资源组合点汇集到一条曲线上,这条曲线就叫无差异曲线。在图 2-16 中,U_2 是消费矿山和青山的一条无差异曲线,E(150,95)和 F(100,100)是 U_2 上的两点,它表示该社会无论是花 150 万元消费矿山、95 万元消费青山,还是花 100 万元消费矿山、100 万元消费青山,带来的满足程度是一样的。U_1 和 U_3 是另外两条无差异曲线,它们代表不同的满足程度,离原点较远的 U_3 表示满足程度较高,离原点较近的 U_1 表示满足程度较低。平面上有无数条无差异曲线,它们都是凸向原点的。每个经济社会由于经济发展水平的差异,拥有不同的一组无差异曲线,同一组无差异曲线是互不相交的。无差异曲线靠近不同的数轴表示了人们消费倾向性的不同。由于青山不仅能令人心旷神怡,也能让人丰衣足食,所以社会无差异曲线总是偏向于青山轴。

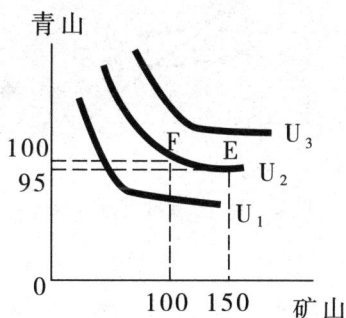

图 2-16　无差异曲线(单位:万元)

生产可能性曲线是讲生产的,无差异曲线是讲消费的,现在我们将生产和消费结合起来,研究该社会生产和消费多少资源才能得到最大的满足。如图 2-17 所示,横轴表示矿山的数量,纵轴表示青山的数量,将该社会的无数条无差异曲线 U_1、U_2、U_3……放入到只有一条生产可能性曲线 AB 的图像中,那么 AB 必然会与其中的一条无差异曲线比如 U_2 相切,那么切点 E 所表示的矿山和青山的数量组合(X,Y)就能使该社会达到最大的满足。这时,该社会实现了均衡,不愿再选择其他的数量组合了。为什么只有在 E 点才能达到最大的满足? 如果该社会选择 AB 和 U_1 的交点 C 和 D,虽然它们在生产可能性曲线 AB 上,表明可以实现,但它们又在无差异曲线 U_1 上,表明满足程度较低。如果该社会在无差异曲线 U_3 上选择一点,虽然满足程度提高了,但和生产可能性曲线 AB 没有交点,表明无法实现。只有 E 点,既在 AB 上,表明可以实现;又在 U_2 上,表明满足程度较高。这时就达到了社会福利的最大化。

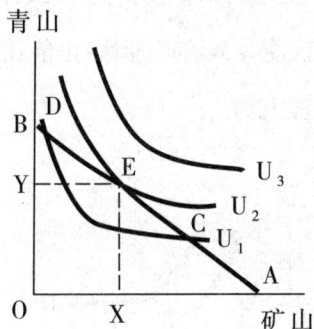

图 2-17　社会福利最大化

二、绿水青山定理和可持续发展定理

有了社会福利最大化的概念,我们来证明两个定理:一个是绿水青山定理,一个是可持续发展定理。

1. 绿水青山定理

2005 年,时任浙江省委书记的习近平同志视察浙江湖州余村,余村人说了他们关掉矿山、靠发展乡村旅游致富的事,习近平同志很高兴,阐述了他对绿色发展的看法。所谓绿水青山定理,就是习近平总书记讲的三句话:"既要绿水青山,又要金山银山"、"宁要绿水青山,不要金山银山"、"绿水青山就是金山银山"。现在我们用模型来证明这个定理。

如图 2-18 所示,横轴表示矿山的数量,纵轴表示青山的数量,它们在同一个坐标系中,表明既要绿水青山,又要金山银山。AB 是余村原来的生产可能性曲线,它偏向矿山;CD 是余村现在的生产可能性曲线,它偏向青山,表明余村人观念发生了变化,认识到了绿水青山的重要性,宁要绿水青山,不要金山银山。和 CD 相切的无差异曲线为 U_1,和 AB 相切的无差异曲线为 U_2,U_2 比 U_1 离原点更远,表明余村人下决心舍弃矿山保留青山,搞乡村旅游,使余村的社会福利水平提高了。这证明,良好生态环境本身就蕴含着无穷的经济价值,绿水青山就是金山银山。

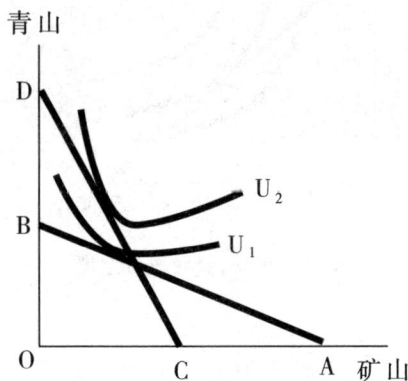

图 2-18　绿水青山定理

2. 可持续发展定理

绿色发展不仅是我们这一代人的事,也是涉及我们子孙后代的事,而资源是有限的。所以我们要把绿色发展提升到可持续发展的高度,给后人留下更多的生态资产。这就是可持续发展定理。

生态资产的供给取决于生态资产的现期消费和未来消费之间的选择。所谓生态红利,就是人们为了生态资产的未来消费而放弃现期消费所得到的报酬。如图 2-19 所示,横轴表示现期消费,纵轴表示未来消费,AB 表示消费可能线,它与社会无差异曲线 U_2 切于 E 点,表明现期消费为 OG,未来消费为 OH,可以实现社会福利最大化。但现在我们的生态处于 F 点,现期消费为 OC,未来消费为 OD,没有达到社会福利的最大化。所以,我们必须减少 GC 的现期消费,增加 DH 的未来消费。可持续发展定理告诉我们,为了实现可持续发展的目标,我们必须减少现期消费,增加未来消费,为后人"乘凉"而"种树"。

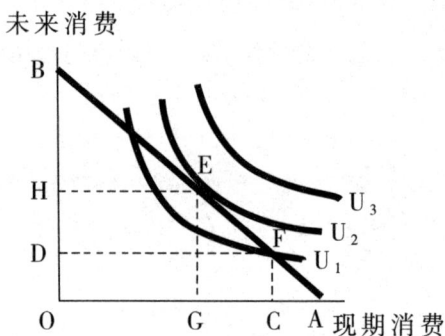

未来消费

图 2-19　可持续发展定理

三、绿水青山定理的再证明

1. 机会成本递增的生产可能性曲线

自然资源的稀缺性使得我们不得不作出选择,如果选择金山银山多一些就只能选择绿水青山少一些,反之亦然。这就是选择的成本,叫机会成本。机会成本就是因选择而放弃其他机会所形成的代价。在这里,机会成本是递增的,这是因为每种资源适合生产的产品是不一样的,当我们

越来越多地增加某种产品的产量时,就会越来越多地使用并不适合生产
这种产品的资源,从而增加成本。所以,生产可能性曲线不是直线,而是
一条凹向原点的曲线。如图 2-20 所示,AB 是机会成本递增的生产可能
性曲线,它凹向原点。E、F 是 AB 上任意两点,从 B 到 E 到 F 到 A,青山
数量的减少是递增的,而矿山数量的增加是递减的,这就是机会成本递增
规律在起作用。

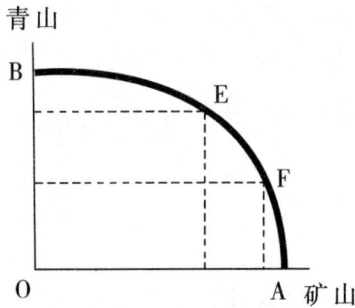

图 2-20　机会成本递增的生产可能线

生产要和消费相联系,价格就是它们联系的纽带。如图 2-21 所
示,P 是青山和矿山的相对价格线,它和该社会的生产可能性曲线 AB
切于 C 点,C 点就是生产点,表明该社会拥有 OX_2 的矿山和 OY_1 的青
山。居民沿着相对价格线消费,到了 P 和无数条社会无差异曲线中的
一条 U 相切时停止,切点 E 就是消费点,表明该社会能消费 OX_1 的矿山
和 OY_2 的青山。这时实现了社会福利最大化。社会福利最大化不是说
自己生产的能自己全部消费,而是说自己生产的多余部分可以输出,自
己消费不足的可以输入。从图中可以看出,X_1X_2 是该社会多余的矿山
产品,需要输出;Y_1Y_2 是该社会不足的青山产品,需要输入;△DCE 为
贸易三角形。

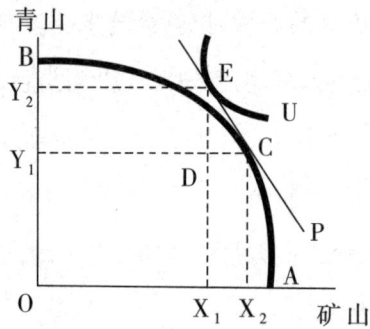

图 2-21 生产点、消费点和贸易三角形

2. 机会成本递增的绿水青山定理

在机会成本递增的条件下,绿水青山定理是否还成立呢? 是成立的,我们来看图 2-22。

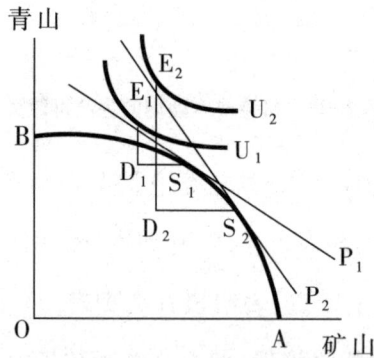

图 2-22 机会成本递增的绿水青山定理

如图 2-22 所示,AB 是机会成本递增的社会生产可能性曲线,P_1 是青山相对于矿山的价格线,P_1 与 AB 切于 S_1 点,与无差异曲线 U_1 切于 E_1 点,决定了 S_1 是生产点,E_1 是消费点,$\triangle D_1 E_1 S_1$ 是贸易三角形。当人们转变观念,更看重绿水青山的时候,青山的相对价格线从 P_1 的位置沿 AB 顺时针旋转到 P_2 的位置,变得更加陡峭。P_2 与 AB 切于 S_2 点,这是新的生

产点;与无差异曲线 U_2 切于 E_2 点,这是新的消费点。$\triangle D_2 E_2 S_2$ 是新的贸易三角形。这时我们看到,因为 U_2 比 U_1 远离原点,所以社会福利水平提高了;因为 $\triangle D_2 E_2 S_2 > \triangle D_1 E_1 S_1$,所以贸易范围扩大了。于是,我们就证明了在机会成本递增的条件下,绿水青山就是金山银山。

四、资源陷阱和悲惨增长定理

1. 资源陷阱

所谓资源陷阱,指的是对于一个国家或省市区来说,随着科学技术的进步,自然资源在经济发展中的地位会发生变化。如果过分依赖一种资源,那么当这种资源的地位下降时,经济就会陷入困境。这就和人一样,年轻漂亮是一种资源,可以带来利益,但如果过分依赖这种资源而忽略了其他方面的发展,一旦人老珠黄便会顿感红颜薄命。资源陷阱多数发生在过分依赖矿产资源即金山银山上。

自然资源在经济发展中的地位之所以会发生变化,首先是因为产品具有生命周期,用于生产产品的自然资源的价值也就有了周期性的变化。产品的一生要经历初创、成长、成熟和衰老四个阶段,产业也由此划分为朝阳产业、成熟产业和夕阳产业三种类型,如图 2-23 所示。如果我们没有看到产品和产业的这种发展趋势,居安思危,早做准备,没有通过创新给企业注入新的活力,那么,迟早就会堕入资源陷阱之中。

自然资源的地位发生变化的第二个原因,是资源的地域性。随着地区发展的梯度推移,有的资源原来在地区发展中处于重要地位,现在变得不那么重要了;有的资源原来无人问津,现在变得很重要,甚至成了地区经济发展的支柱。梯度推移理论告诉我们:创新活动大多发源于高梯度地区,然后随着时间的推移和产品周期的变化,按顺序向中梯度地区和低

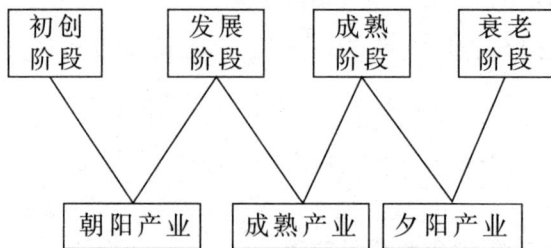

图 2-23　产品周期与产业性质

梯度地区推移。在我们国家,创新活动一般也都是发源于东南沿海地区,然后逐步向中部地区、西部地区转移。有的西部地区为了鼓舞人心,提出了跨越式发展的战略,但鲜有成功的案例。当地区经济发展的重心发生转移时,如不能顺应潮流及时进行产业结构调整和转型升级,就会陷入停滞不前的泥淖。

2. 悲惨增长定理

自然资源的地位发生变化,导致它的价格也发生变化。如图 2-24 所示,该地青山与矿山的相对价格线为 P_1,社会生产可能性曲线为 A_1B_1,P_1 与 A_1B_1 切于 Q_1,表明 Q_1 是生产点。P_1 与社会无差异曲线 U_1 切于 C_1,表明 C_1 是消费点。如果这个地区大力开矿使得经济增长,生产可能性曲线外移到 A_2B_2。假设相对价格不变,P_2 与 P_1 平行,与 A_2B_2 切于 Q_2,这是生产点;与社会无差异曲线 U_2 切于 C_2,这是消费点。U_2 与原点的距离比 U_1 远,表明该地区居民收入水平提高了。但是,如果资源卖出的数量继续增加,导致价格下降,那么相对价格线将沿 A_2B_2 旋转到更为水平的位置 P_3,新的生产点和消费点变为 Q_3 和 C_3。我们发现,新的社会无差异曲线 U_3 处于 U_2 的下方,这说明该地区由于经济增长所获得的利益被部分抵消,抵消的部分通过价格降低的方式被资源输入地所享有。这种情况叫要素积累效应。

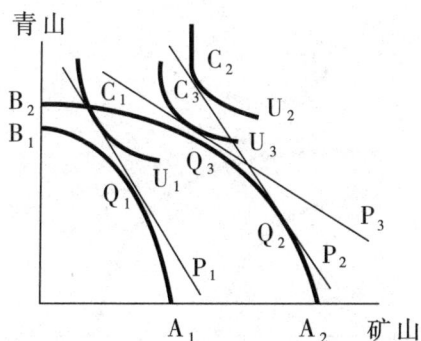

图 2-24　要素积累效应

如果资源输出增多导致资源价格大幅下降,使得转移到其他地区的利益超过了输出地的利益,那么该地的福利水平将低于资源输出前,这种情形被称为"悲惨增长"。悲惨增长定理是说,如果一个国家或省市过于偏重一种自然资源的开发和利用,就有可能导致该国或省市的福利水平下降。

在图 2-25 中,由于经济增长使得输出资源的价格下降,导致经济增长后的社会无差异曲线 U_3 位于经济增长前的社会无差异曲线 U_1 的下方。可见,该国或省市因资源输出导致的经济增长不仅没有给居民带来实惠,反而让他们的福利水平下降了。习近平总书记说:"宁要绿水青山,不要金山银山"①。这不仅是因为过于偏重金山银山会导致环境污染,还因为过于偏重金山银山可能会造成悲惨增长。我们在推介绿色乘数这个概念时曾经说过,绿色乘数是把双刃剑,资源的节约和环境的改善会导致国民收入成倍增长,而资源的浪费和环境的破坏会导致国民收入成倍减少。

---

① 中共中央文献研究室编:《习近平关于社会主义生态文明建设论述摘编》,中央文献出版社 2017 年版,第 21 页。

悲惨增长就属于后一种情况。

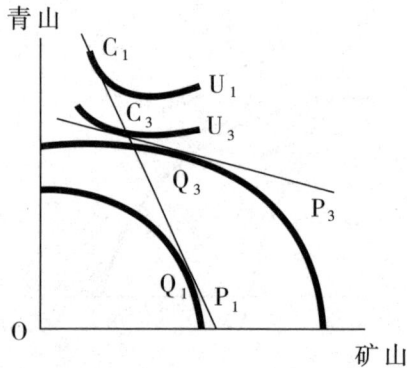

图 2-25　悲惨增长

　　一般来说,出现悲惨增长需要几个条件:(1)经济增长偏向产品输出部门。在绿水青山和金山银山中,绿水青山是无法输出的,只有金山银山可以输出。所以在图 2-24 和图 2-25 中,社会生产可能性曲线都偏向金山银山轴。(2)输出产品在国际或国内市场占有相当比例,它的变动足以影响市场价格。在图 2-25 中,相对价格线 P_3 变得比较平坦就是这个原因。(3)输出产品需求价格弹性很低。像煤炭、石油和棉花等,都是生活必需品,需求缺乏弹性。

　　举一个悲惨增长的例子。我国某产煤大省,近年来煤炭生产导致空气污染十分严重。按理说付出了环境代价,它的 GDP 应该上去了吧? 其实不然。煤炭大量输出导致煤炭价格不断下降,2015 年吨煤综合售价仅为 265 元,比历史最高点的 2011 年下降了 393 元。煤炭行业不景气导致 GDP 下降,2015 年该省 GDP 仅增长了 3.1%,位列全国倒数第三。为什么该省守着煤炭这座金山银山仍然发展不理想呢? 主要原因就是它符合以上几个条件,陷入了"悲惨增长"的境地。

五、资源的绝对优势和比较优势

1. 资源优势与综合效益

自然资源与经济发展既存在背离的一面,也存在统一的一面。这是因为自然资源分为两种,一种是可移动的,如石油、煤炭等矿藏,也称金山银山;一种是不可移动的,如沿海、临江、沿路、近景区等,绿水青山也包括在里面。资源陷阱往往是因为资源可移动,而资源优势往往是因为资源不可移动。我国很多发达地区都缺少可移动资源而拥有不可移动资源,而很多欠发达地区都缺少不可移动资源而拥有可移动资源。2003 年,在浙江发展的关键时期,时任省委书记的习近平同志在深入调研的基础上全面系统地总结概括了浙江发展的八个优势,提出浙江面对未来发展的八项措施——"八八战略",成为引领浙江发展,推动各项工作的总纲领、总方略,开创了浙江发展的崭新局面。"八八战略"提到的浙江发展的八个优势,分别是体制机制优势、区位优势、块状特色产业优势、城乡协调发展优势、生态优势、山海资源优势、环境优势、人文优势,这八个优势当中就含有不可移动的资源优势。浙江省发展快,主要是由于浙江省政府和人民的共同努力,但和浙江省拥有不可移动的资源优势也有密不可分的关系。一位东北客人参观了湖州南浔的木地板产业,发出感慨说:为什么我们东北拥有丰富的森林资源,而木地板产业却在你们这里? 这其中一个原因就是木材是可移动的,它不受地域的限制;而湖州南浔处在长江三角洲的有利位置,这是谁也拿不走的。沿海、临江、沿路这些不可移动资源之所以具有优势,一是因为拥有这些资源可以便捷地接受发达国家和地区的扩展效应,降低交易成本;二是拥有这些资源可以为其他地区提供港口、码头和车站服务,从它们节省的交易成本中收取一定的费用;三是因为前两个原因,使这里聚集了很多人气,形成了一个庞大的市场,从而进一步降低了交易成本。

那么,近景区有什么资源优势呢?它可以通过餐饮、住宿、交通等获得综合效益。我们举一个杭州西湖的例子。杭州西湖是我国著名的旅游景区,拥有资源优势。原来它是收门票的,后来不收门票了,这是为什么?杭州西湖之所以不收门票,不是因为西湖的可替代程度高,需求富有弹性。西湖是国家 5A 级景区,其三潭印月、雷锋夕照、平湖秋月、断桥残需、曲院风荷等景色很难被替代,需求是缺乏弹性的。只是如果要收钱的话得把它围起来,这样会破坏景观。更重要的是,不收钱可以充分利用西湖正的积极的外部性,通过吸引游客带动周边的餐饮、住宿和交通,取得综合效益。西湖免费开放前杭州一年的旅游总收入为 549 亿元,免费开放十年后,2012 年超过了 1191 亿元,足足翻了一番。杭州市政府的眼界比较开阔,利用西湖这个资源优势,放弃一张门票的收入却带动了整个第三产业,聚集了环境、经济、社会三重财富。如果用绿色乘数的指标来衡量的话,杭州西湖的绿色乘数肯定高,这表明它绿色发展的水平也很高。习近平总书记说:"良好生态本身蕴含着无穷的经济价值,能够源源不断创造综合效益,实现经济社会可持续发展。"①杭州西湖的做法就是一个很好的证明。

2. 绝对优势定理

因为自然资源的地域性,使得一个地区很难拥有经济发展所需要的全部资源。所以,各个地区之间才要开展贸易,互通有无。有时虽然自己地区已经拥有了某种资源,但别的地区开发这种资源更有效率,我们也会

---

① 习近平:《共谋绿色生活,共建美丽家园——在 2019 年中国北京世界园艺博览会开幕式上的讲话》,载《中国生态文明》2019 年第 2 期。

放弃本地区资源的开发,而是花钱把这种资源买进来。这样既提高了效率,又可避免多处开发所造成的环境污染。怎样才能使资源的生产和交换对双方都有利呢? 这就需要分工,实行专门化的开发,以取得规模效益。这里有一个绝对优势定理,就是本地区只开发与别的地区相比具有优势的资源,然后交换,则对双方都有好处。和别的地区相比具有的优势,就叫绝对优势。

假设有 A 和 B 两个地区,它们只生产和消费两种自然资源:煤矿和铁矿,但开发它们的效率不同,如表 2-1 所示。

表 2-1　两个地区的绝对优势

	A 地区	B 地区
煤矿(吨/小时)	6	1
铁矿(吨/小时)	4	5

由表 2-1 可知,A 地区在煤矿的开发上具有绝对优势,它每小时开发 6 吨,B 地区只能开发 1 吨。B 地区在铁矿的开发上具有绝对优势,它每小时开发 5 吨,A 地区只能开发 4 吨。所以,根据绝对优势原则,A 地区专门开发煤矿,B 地区专门开发铁矿,然后相互交换,则对双方都有好处。这是为什么呢? 如果两个地区按照 1∶1 的比例交换煤矿和铁矿,A 地区 6 吨煤矿可换 B 地区 6 吨铁矿,比自己开发可多得 2 吨铁矿,因为自己在同样时间只能开发 4 吨铁矿。B 地区 5 吨铁矿可换回 A 地区 5 吨煤矿,比自己开发可多得 4 吨煤矿,因为自己在同样时间只能开发 1 吨煤矿。可见,两地区在不同资源上各具绝对优势的情况下,按照绝对优势进行专门化开发然后交换,可以使双方都受益。

3. 比较优势定理

如果一个地区没有任何绝对优势,是不是就不能参与地区之间的分工合作呢? 也不是,我们还有一个比较优势定理,就是本地区只开发在本地区内具有优势的资源,然后和别的地区交换,则对双方都有好处。自己和自己相比具有的优势,叫作比较优势。

我们将表 2-1 中的一个数字进行改动,得到表 2-2,从中就能看到一个地区可以没有绝对优势,但总还是有比较优势的。

表 2-2 两个地区的比较优势

	A 地区	B 地区
煤矿(吨/小时)	6	1
铁矿(吨/小时)	4	2

表 2-2 表明,A 地区在两种资源的开发上都具有绝对优势:A 地区每小时可开发 6 吨煤矿,B 地区只能开发 1 吨;A 地区每小时可开发 4 吨铁矿,B 地区只能开发 2 吨。但是,单就 A 地区来说,开发煤矿的优势更大一些,每小时能开发 6 吨,铁矿才 4 吨,所以 A 地区具有开发煤矿的比较优势。单就 B 地区来说,开发铁矿的优势更大一些,每小时可开发 2 吨,煤矿才 1 吨,所以 B 地区具有开发铁矿的比较优势。按照比较优势原则,A 地区只开发煤矿,B 地区只开发铁矿,然后交换,双方都能受益。这是为什么呢? 如果两个地区按照 1∶1 的比例相交换,A 地区用 6 吨煤矿可换 B 地区 6 吨铁矿,比自己开发要多 2 吨铁矿,因为自己同样时间只能开发 4 吨铁矿;B 地区用 2 吨铁矿能换回 2 吨煤矿,比自己开发要多 1 吨煤矿,因为自己同样时间只能开发 1 吨煤矿。可见,不论一个地区和别的地

区相比是否拥有绝对优势，但自己和自己相比总有比较优势，只要两个地区按照比较优势原则进行专门化开发，然后再交换，则双方都能得到好处。

运用绝对优势原则和比较优势原则不仅有利于提高资源的开发效率，也有利于环境的保护。这是因为专业化的分工不仅在生产上能形成规模经济，在环境的保护上也能发挥规模效益。每个地区只开发具有绝对优势或比较优势的资源，很多资源就可以保留下来，而要开发的资源也能形成规模，有利于资源的综合利用和废料的集中处理。如果经济发展过程中所需要的资源都要自己去开发，搞得遍地开花处处冒烟，每个开发点的规模都很小，资源无法细分利用，废料也无法细分处理，必然会造成资源的浪费和环境的破坏。所以，要变无序开发为有序开发，变小规模无保留掠夺式开发为有选择有保留有计划开发，给后人留下足够的有价值矿藏，以促进可持续发展。

有人可能会产生疑问：悲惨增长定理告诉我们不能偏重一种资源的开发和利用，绝对优势定理和比较优势定理又告诉我们只能进行一种资源的开发和利用，这是不是矛盾的？我们请读者注意一下悲惨增长的第二个条件：输出产品在国际或国内市场占有相当比例，它的变动足以影响市场价格。满足这个条件的大多是一些大国和大的地区，小国和小的地区很难满足这个条件。所以对于我国的各省区市来说，不能只偏重于一两种资源的开发和利用，以免陷入悲惨增长的境地；而对于乡镇来说，则要遵循绝对优势和比较优势定理，进行专业化分工，搞"一村一品"，发展绿色产业集群。我国有一些产业集群，浙江省就有不少这样的产业集群，输出产品在国际或国内市场占有相当比例，它的变动足以影响市场价格。它们会不会是悲惨增长？我们请读者再注意悲惨增长的第三个条件：输出产品需求价格弹性很低。我国东南沿海地区的产业集群大多不具备这个条件，所以不用担心。

第三章 绿色发展中政府的作用

我们已经说过，实行绿色发展，政府要起主导作用。有人会说：我们实行的是社会主义市场经济，要让市场在资源配置上发挥基础性作用。你的说法是不是和这个有矛盾？我们说没有矛盾，这一章就讲一下这个问题。

第一节 资源配置与经济制度

实现稀缺资源的有效配置是任何经济社会都要面对的问题，但实现资源有效配置的方式却各有不同。这些不同主要是由不同的经济制度决定的。世界上出现过三种经济制度：一种是自由放任的市场经济制度；另一种是中央集权的计划经济制度，还有一种是两者结合形成的混合经济制度。

一、自由放任的市场经济制度

这里的自由放任是指完全没有政府干预而由个人自主行动，市场经济是指资源配置由市场供求来决定。在自由放任的市场经济制度下，每个人或经济单位的基本经济活动不受政府的控制，为了追逐自身的利益在市场上相互作用，决定着资源配置的有关问题。这种制度有以下特点。

首先，从决策结构看，自由放任的市场经济是分散决策，每个决策单位都自行选择最优方案。作为消费者，每个个人和家庭根据自己的能力和爱好决定干什么工作，买什么东西；作为生产者，每个厂商根据自己的实力和对市场的预测，决定生产什么产品、投入多少生产要素。消费者和生产者在自由交换基础上进行交易。

其次，从行为动机看，自由放任的市场经济制度下，每个人或经济单位都在追求自己利益的最大化。消费者要实现效用最大化，厂商要实现利润最大化。为了保证每个人或厂商的利益不受损失，自由放任的市场经济制度必须明确私人的产权。产权包括每个人可以按照他认为合适的方式使用或处置自己的财产，获取相应的收益，并承担由此带来的损失。

第三，从信息传递看，在自由放任的市场经济制度下，市场信息是通过商品的价格波动而传递的。价格上涨，消费者会减少购买而生产者会增加生产；价格下降，消费者会增加购买而生产者会减少生产。根据这种变化，资源的配置发生变动。

自由主义的经济学家们认为这种经济制度最有利于资源的有效配置，所以早期的资本主义社会大多采用这种经济制度。但是 20 世纪 30 年代的世界经济危机暴露了这种经济制度的弱点，使得一些国家开始实行中央集权的计划经济制度，还有一些国家则加强政府调控，实行混合经济制度。

二、中央集权的计划经济制度

苏联及采用苏联模式的社会主义国家实行的就是中央集权的计划经济制度。它是由中央当局决定生产什么的计划,确定生产目标和生产方式,生产出来的产品再按照计划进行分配。这种经济制度有以下一些特点。

首先,从决策结构来看,中央集权的计划经济制度是集中决策。中央当局根据居民需要和现有资源情况,制定各种生产计划,下达给各个生产单位,并为各个生产单位配备所需的生产要素,为各个消费单位下达产品分配计划。产品生产出来以后,消费单位凭按劳分配的货币和按人口分配的票证去领取产品。

其次,从产权结构看,为了使经济计划得到贯彻,生产单位都是全民所有或集体所有的,中央当局借助于行政命令使计划得以贯彻。生产单位的生产动机不是利润,而是理想或是完成计划以后得到荣誉或升迁机会。

第三,从信息传递看,中央集权的计划经济制度不是根据价格波动来传递信息的,因为价格都是死的,都是计划制定的。中央当局把基层制定的计划层层报上来汇总,形成中央计划以后再层层传递下去。

中央集权的计划经济制度不利于资源的有效配置和人民生活水平的提高,所以苏联等国都先后改变了这种经济制度。

三、混合经济制度

从严格的意义上说,现在世界上绝对自由放任的市场经济制度和绝对中央集权的计划经济制度都是不存在的,现实的资源配置方式都是将两者结合起来混合而成的。也就是说,决策结构既有分散的特点又有集中的特征;产权结构既有国有企业又有私营企业;激励机制既可以是经济的,也可以是非经济的;信息传递既可以通过价格也可以通过计划。这就是混合经济制度。

像美国,看起来是自由放任的市场经济制度,实际上政府的作用是很突出的。美国政府的投资和其他购买量大约占到总产量的 20%,而美国政府直接雇佣的劳动者也占到劳动总人数的 18%。笔者在日本留学两年,发现日本政府对经济的管控一点也不比中国弱。日本政府有成千上万条"规制",对经济实行严格的管制。仅在农业领域,大米的生产、流通及价格都被置于政府的严格管理下。中国早已放开了粮油价格,而日本的大米和牛奶价格仍受到限制,政府通过对大米和牛奶价格的限制对农产品、畜产品的价格变动施加影响。除此之外,出租车价格、货运、国内航运、公共汽车、汽油、酒等的价格也都受到控制。就连在澡塘洗澡的价格要想变动,都必须先由行业组合提出申请,报政府有关部门批准。① 有人将社会主义和计划经济画等号,将资本主义和市场经济画等号,这是不对的。邓小平说:"社会主义也有市场,资本主义也有计划,计划和市场都是手段。"这就是说,无论是社会主义还是资本主义,就资源配置的方式来说,都属于混合经济制度。

混合经济制度发扬了市场经济和计划经济的优点,克服了它们的缺点,能够实现资源的有效配置。以自由交换为特征的市场经济,就像是在一支"看不见的手"的指导下,自发地实现资源配置。只有当有利可图时,一种商品才会被生产并出售。而是否有利可图,则要看是否有人愿意购买。因此,既定资源被用于生产何种产品取决于消费者的货币投票。

---

① 崔卫国:《中日比较谈》,经济日报出版社 2014 年版,第 179 页。

某种商品获得的票数多少,取决于它用价格表示的稀缺程度。稀缺程度高,价格就高,厂商就愿意多生产,资源就向该生产流动;稀缺程度低,价格就低,厂商就不愿意多生产,资源就不会向该生产流动。这样,资源就被有效地配置到人们需要它们的地方去。然而,市场这只"看不见的手"并不一定总是这么灵敏,有时也会引导经济走上错误的道路。比如某个商品获得的货币投票多,厂商就会增加资源投入,但是它的废料排放造成的环境污染,其成本却由社会来承担,没有计入厂商的生产成本之中。于是其商品价格仍然很高,不断地吸引资源继续投入。于是我们看到,在市场这只"看不见的手"的指引下,资源也会流向本不应该投入的地方。市场的上述缺陷伴随着市场机制的运行而不断出现,终于引起了人们的重视,于是人们自然寻求市场以外的政府来进行干预。在以市场机制为主要配置资源方式的混合经济制度中,政府的职能除了制定经济活动的规则或者法律制度以外,就是促进资源的有效配置、增进社会平等和维护经济稳定和持续增长,以及自然资源的节约和生态环境的保护。

第二节　市场失灵与政府干预

所谓市场失灵,就是指市场不是万能的,通过市场配置资源也会出现不是最优配置的情况。上面我们说到市场对环境污染的现象无能为力,这就是一种市场失灵的情况。市场失灵有很多种原因,比如垄断、公共物品、信息不对称和外部经济影响等,我们发现资源浪费、环境污染和这些原因都有关系。也就是说,市场面对资源浪费和环境污染是会失灵的,绿色发展离开政府主导是不行的。

一、垄断价格与政府干预

绿色发展主要涉及两个方面,一个是自然资源的节约,另一个是生态环境的保护。这两个方面都存在垄断,即一家企业独占整个市场的情况。比如自来水公司和垃圾处理公司,它们就是垄断企业。有时垄断也是没办法的,因为可以节约资源。比如自来水公司,如果让几个公司来竞争,你接一根管子,我接一根管子,看谁家的自来水好,这就没必要了,也造成了浪费。但凡是垄断,都可能使社会福利受到损害,比如垄断企业制定过高的价格,消费者的利益就会受到损害。所以,政府既要允许垄断,又要对它进行监管。

假定这是一个自来水公司,垄断了自来水市场。如图 3-1 所示,横轴 OQ 表示自来水产量,纵轴 OP 表示自来水价格,AC 是平均成本曲线,MC 是边际成本曲线,d(AR)是需求曲线和平均收益曲线,MR 是边际收益曲线。如果没有政府监管,自来水公司为了获得垄断利润,会将价格定得很高,形成垄断价格。这时边际收益等于边际成本,MR 和 MC 的交点 E 确定了产量为 OQ_0,垄断价格为 OP_2。因为企业的平均成本为 OP_1,$OP_2 > OP_1$,所以企业可以获得 P_1FGP_2 的垄断利润,即阴影所示的部分。

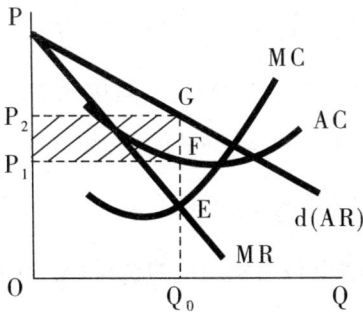

图 3-1　垄断价格获取垄断利润

　　这时需要政府出面干预了。为了保护消费者利益,政府要求将自来水价格下调,于是 d(AR)曲线下降到图 3-2 所示的位置。这时企业为了利润最大化,产量定在 MR 和 MC 的交点 E 所确定的 OQ_0。这时价格为 OP_1,平均成本为 OP_2,$OP_2 > OP_1$,企业有 $P_1FG\ P_2$ 的亏损,即阴影所示面积。这部分亏损政府会给自来水公司予以财政补贴。可见,对于像自来水公司这样的垄断企业,市场是失灵的,政府对它监管是必要的。这样,既能保证人们生活水平不下降,又能保证水资源的节约使用。

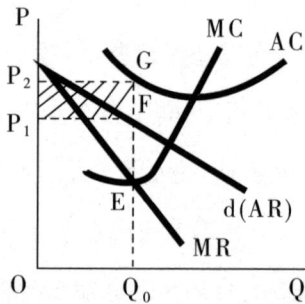

图 3-2　政府定价给予财政补贴

二、公地悲剧与政府干预

　　公共物品的存在是造成市场失灵的第二个原因。我们以前讨论的物品主要是"私人物品",它有两个特点:一是排他性,即只有支付了价格才能使用该商品,不支付价格就不能使用该商品;二是竞用性,即如果某人已经使用了该商品,其他人就不能同时再使用它。但是在现实生活中还存在很多既没有排他性又没有竞用性的物品,比如国防,一个公民即使没有纳税也能受到军队的保护(非排他性),即使很多人都受到军队保护了,新增人口仍然能受到军队的保护(非竞用性)。又如海鱼,谁都可以去捕捞(非排他性),但别人已经捕捞上来了你就不能再将它捕捞一次(竞用性)。一般我们把国防这一类既不具有排他性又不具有竞用性的物品叫作公共物品,而把海鱼这一类不具有排他性但具有竞用性的物品叫作公共资源。由于公共物品既不具有排他性又不具有竞用性,而公共资源不具有排他性但具有竞用性,这就使得每个人出于自身利益的考虑,都会尽可能多地去消费它们,不用白不用,用了也白用,这就造成了资源的浪费,即所谓"公地悲剧"。面对这种情况,市场是失灵的,只能由政府出面了。

图 3-3 所示是一个近海捕鱼的情况,横轴 OQ 表示捕鱼量,纵轴 OC、OR 表示成本和收益,MC 表示私人捕鱼的边际成本,SMC 是捕鱼者的社会边际成本。由于社会边际成本等于私人边际成本和私人捕捞给社会造成的边际成本之和,所以 SMC 在 MC 的上方。如果没有政府监管,私人最大捕捞量 OH 就会大于社会最大捕捞量 OG,GH 就是滥捕滥捞给社会造成的损失。它将会导致渔业资源的枯竭。政府之所以要规定休渔期,并在休渔期派船巡逻,就是为了保护渔业资源,让鱼类有充足的繁殖和生长时间。政府还制定了"退耕还林""易地扶贫"等项政策,也是为了加强对公共资源的保护。

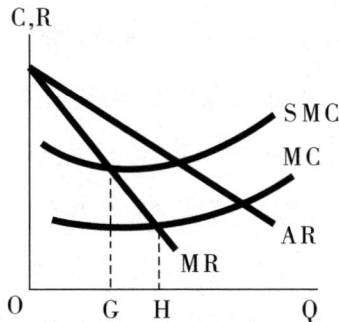

图 3-3　公共资源的滥用

三、负外部性与政府干预

造成市场失灵的第三个原因就是外部性的存在。外部性又称外在性、外部经济影响,是指某一经济单位的经济活动对其他经济单位所施加的"市场以外"的影响。之所以称之为"市场以外"的影响,是因为如果该经济单位的经济活动对其他经济单位施加的是正的积极的影响,能对其他经济单位带来好处,但该经济单位却得不到其他经济单位的补偿;如果施加的是负的消极的影响,能给其他经济单位带来坏处,其他经济单位也不能得到该经济单位的赔偿。

外部性的例子很多。比如蜂农养的蜜蜂为果农的果树传了粉,这就是正的积极的外部性,因为果农不会因此向蜂农支付报酬。果农的果树向蜂农提供了蜜源,这也是正的积极的外部性,蜂农也不会向果农支付报酬。这不是因为他们的正的积极的外部性相互抵消了,而是他们无意识地给对方带来了好处。这种情况当然无须政府出面了。但是,在具有负的消极外部性的情况下,政府不出面干预就不行了。比如,钢铁厂排出的废水、废气污染了水源和空气,使居民饮用了不清洁的水,呼吸了不清洁的空气,农民种的蔬菜和庄稼也减产了。我们看不到钢铁厂会把居民的损失计入它的成本之中,这就是负的消极的外部性。这时政府必须出面,制止钢铁厂乱排乱放。又如,吸烟者吸烟,使他周围的人吸了二手烟,损害了健康,但周围的人又无法向吸烟者索赔。这就是负的消极的外部性。2014年,国家卫生计生委起草《公共场所控制吸烟条例》,以扼制公共场所吸烟行为。

图3-4表示正的外部性的情况。需求曲线 D_1 和供给曲线 S 相交于 E 点,决定了此时的均衡数量为 OQ_1。因为有了正的外部性,需求增加,

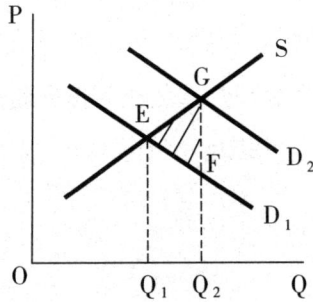

图 3-4 正外部性的福利损失

需求曲线右移到 D_2,它与 S 交于 G,决定了此时的均衡数量为 OQ_2。△EFG(阴影部分)表示正的外部性的福利损失。正的外部性还有福利损失吗?有的。有一个《麦琪的礼物》的故事,说的是新婚不久的吉姆和德尔,生活贫困。除了德尔那一头美丽的金色长发和吉姆的那一只祖传的金怀表以外,他们便再也没有什么东西值得骄傲的了。虽然贫困,但他们相亲相爱。快过圣诞节了,每个人都想悄悄准备一份礼物送给对方。吉姆想来想去也没什么值钱的东西,就把心爱的怀表卖了,买了一套漂亮的发卡,准备去配德尔的那一头金色长发。德尔想来想去也没有什么值钱的东西,就剪了自己心爱的长发,卖了以后为吉姆的怀表买了表链和表袋。圣诞节的那一天,他们开始交换礼物,却无可奈何地发现,他们为了对方各自卖掉了自己最心爱的东西,而这一切都是因为深爱。他们夫妻彼此相亲相爱,关心对方都胜过关心自己,这就具有正的外部性。但也有损失,金色长发没有了,祖传怀表也没有了。正的外部性造成福利损失的例子还有很多,比如父母溺爱孩子、朋友争相买单等,看起来为对方着想,实际上适得其反,还造成了资源的浪费。

图 3-5 表示的是负的外部性的情况。因为有了负的外部性,供给减

少,供给曲线由 S_1 左移到 S_2,它与需求曲线 D 交于 G 点,决定了此时的产量为 OQ_2。$OQ_2<OQ_1$,表明产量减少了,△EFG(阴影部分)就是负的外部性产生的福利损失。负的外部性造成福利损失的例子就更多了,钢铁厂排污给居民造成的损失,二手烟给周围人造成的损失,新冠肺炎疫情给国家造成的损失等都是。

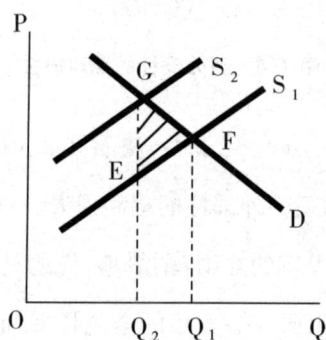

图 3-5 负外部性的福利损失

四、不完全信息与政府干预

新古典经济学有一个重要假设,就是完全信息假设,即假设市场上的每一个参与者对市场的所有信息都了如指掌,都反映在价格上面。但实际生活中却常常不是这么一回事,有时花大价钱买回来的却是假冒伪劣产品。也就是说,消费者掌握的信息是不完全的,买的永远没有卖的精。对于这种情况,市场是失灵的,政府必须出面干预,以维护消费者的利益。

不完全信息也称为信息不对称,是指行为人之间信息占有的不对称,在订立契约或执行契约时,一方占有自己知道而对方不知道的信息(如私人信息),这一方处于信息优势地位,常被称为"代理人";而处于信息劣势的一方则被称为"委托人"。如果没有信息不对称,委托人会采取代理人所期望的行为。在信息不对称的情况下,委托人可能会通过两条途径损害代理人的利益。在契约签订之前损害代理人利益的行为叫"道德风险",在契约签订之后损害代理人利益的行为叫"逆向选择"。在第一章里我们曾经说过,单纯用 GDP 衡量地方政绩会产生逆向选择和道德风险,逆向选择就是已开展治理污染的地区重新回到只顾 GDP 不顾环境污染的老路;道德风险就是为了突出政绩篡改 GDP 数据,欺骗上级。信息不对称可能造成的逆向选择和道德风险,就会导致市场失灵。

如图 3-6 所示,本来需求曲线 D 是向右下方倾斜的,但由于信息不对称产生逆向选择,D 向左下方弯曲。供给曲线在 S_1 的位置时与 D 的交点决定了均衡价格为 OP_1,均衡数量为 OQ_1,这不存在低效率的市场失灵。但供给曲线在 S_2 的位置时,尽管均衡价格为 OP_0,但它却不是最优价格。这是因为,如果我们把价格从 OP_0 上稍微提高一点,则根据需求曲线就可以增加产量,而在较高产量上,需求曲线高于供给曲线,即需求价格高于供给价格,消费者和生产者都将获得更大的利益。但是价格也不能超过 OP_2,否则根据需求曲线,产量不仅不增加,反而会减少,从而消费者和生产者的利益都将受到损失。因此,最优价格应当是 OP_2。但是,当价格为 OP_2 时,我们却注意到生产者的供给 OQ_2 将大于消费者的需求 OQ_0,出现了非均衡状态,这就违背了帕累托最优标准。因此,信息不对称导致了市场失灵。

这里举一个逆向选择的例子。[①] 开车的人都知道,汽车年审的时候必须要交一份保险公司出具的第三者责任险的保单。政府之所以要强制相关人投保,就是因为不这样的话,保险公司由于不能准确地了解投保人

---

① 崔卫国、刘学虎:《小故事大经济》,经济日报出版社 2008 年版,第 181 页。

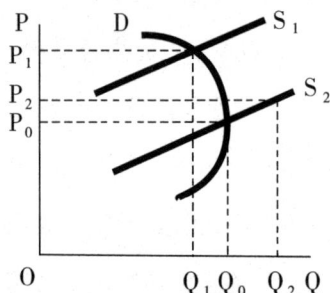

图 3-6　信息不对称导致市场失灵

的私人信息,就只能根据事故的平均发生率来制定保费,但这样的保费却只能吸引高风险意识的人来投保。于是,事实上的事故发生率仍会高于平均概率,保险公司只好进一步提高保费来弥补损失,但这样做的结果是致使一些事故发生概率较低的投保人不再愿意投保,于是事故发生率进一步上升,保险公司又进一步提高保费,又有一部分人退出保险市场。这就叫"逆向选择",也叫"劣币驱逐良币"。如果政府不出面干预的话,整个保险市场就会萎缩。一旦发生事故,受害人的利益就很难得到保证。

在绿色发展过程中,如何防止森林火灾、减轻森林火灾造成的危害是一个大问题,解决这个问题的办法之一就是投保森林火险。很少有保险公司愿意设立这样一个险种,因为信息不对称,很容易产生逆向选择。我国对于森林保险的研究始于 1982 年,1984 年在桂林进行试点,之后的几十年,我国先后有 20 多个省区市开办了森林保险业务。但由于种种原因,包括信息不对称和逆向选择的原因,我国森林保险业务逐年萎缩,一些试点以及部门形同虚设。我国绿色发展的道路还很漫长,政府干预的力度还需要加大。

第三节　绿色发展中的政府行为

在绿色发展过程中,因为存在市场失灵的情况,所以政府应该义不容辞地肩负起主导的重任。但是,政府也存在缺陷,所以政府要明确其职责范围,有所为有所不为,不要越过政府行为的边界。

一、政府缺陷的产生①

关于政府缺陷,美国经济学家萨缪尔森的定义是:当政府政策或集体行动所采取的手段不能改善经济效率或道德上可接受的收入分配时,政府缺陷便产生了。政府缺陷主要集中在以下几个方面:

第一,由于行为能力和其他客观因素的制约,政府不正确干预经济不仅不能实现预期的社会经济目标,反而产生了负面影响,损害了效率和公平原则。斯蒂格勒在《管理者能管理什么》一文中提供了一个案例:1939年美国的某些州为了制止供电企业制定的垄断高价,成立管制委员会对电价实行管制。但管制后电价的平均水平与没有受管制的其他州相比,并没有下降。反而由于管制,导致权钱交易的寻租活动滋生。事实证明,管制越多,寻租活动就越盛行。

第二,政府制定政策是一项复杂的系统工程,其中存在着种种困难、障碍和不确定因素,使得政府制定的政策脱离实际,出现错误。错误的政策会造成更加不利的后果。政府的政策效应具有滞后性,这有三方面的

---

① 崔卫国:《地方政府经济学》,中国财政经济出版社 2017 年版,第 275—277 页。

原因:一是认识时滞,即认识不到位;二是决策时滞,即决策要反复讨论、调研;三是执行时滞,即从执行到见效有个过程。由于存在时滞,就会使计划赶不上变化。

第三,政府干预经济的成本昂贵,效率低下,导致资源不能得到有效和充分的利用。英国学者帕金森剖析了政府官僚机构人浮于事、办事效率低下的原因:官僚为了做出政绩,会尽量增加自己的权力;为行使这些权力,会尽量增加政府机构和人员;机构和人员增加了,办事成本提高了,效率却降低了。这就是所谓的"帕金森定理"。

第四,政府在本质上,是一种为公民和社会共同利益服务的组织,是一国公共利益或公共意识的集中体现。但政府作为共"经济人",它同时又存在着自身的利益,其中既包含政府的正当利益,也包含其额外追求的非法利益。现实中的政府行为并不一定全部代表公共利益,有时政府目标会偏离公共目标。这是因为政府是由人组成的,是人都有弱点,在个人利益与公共利益发生冲突时,不排除个别政府官员会选择把个人利益放在前面。这就需要明确公共利益的边界,约束政府利益的扩张。

二、绿色发展中的政府行为原则

有什么样的指导思想,就有什么样的行为原则和行为方式。在习近平总书记"绿水青山就是金山银山"理念的指引下,政府在绿色发展这方面的行为原则应该包括这么几个方面。

1. 实行首长负责制,解决"九龙难治水"的问题

绿色发展中一个很难解决的问题就是"九龙难治水"。一条河流途经几个地区,治理问题该谁负责? 往往是相互推诿,谁也不想负责。后来划分为地区分段治理,效果也不理想。再后来采取"河长制",情况就有

所好转。所谓"河长制",就是由各级党政主要负责人担任"河长",负责组织领导相应河湖的管理和保护工作。为什么"河长制"就能使情况好转呢?我们从博弈论的一个"智猪博弈"模型说起①。

从前有座山,山里有个猪圈,圈里有一头大猪和一头小猪。猪圈一头有一个槽,另一头有一个按钮,只要按这头的按钮,那头的槽里就会出来10斤猪食。问题在于槽和按钮不在一块儿,谁去按按钮再跑过来吃食,不仅让对方占了便宜,自己还会损失2斤的热量。假设大猪先到槽,它会吃掉9斤猪食,小猪只能吃1斤;若小猪先到槽,它能吃4斤,大猪只能吃6斤;若它们同时到槽,大猪能吃7斤,小猪只能吃3斤。假设它们都是聪明的猪,目的是能吃最多的食(或摄取热量最大化),问:谁会去按按钮?

我们画出这两头猪不同策略组合的支付矩阵如表3-1所示。

表3-1 智猪博弈的支付矩阵

		小猪	
		按按钮	等待
大猪	按按钮	5,1	4,4
	等待	9,-1	0,0

表3-1中,逗点前面的数字是大猪的收益,逗点后面的数字是小猪的收益。大猪按按钮、小猪也按按钮的收益组合之所以为(5,1),是因为它们都去按按钮,同时到槽,根据假设大猪能吃7斤,扣除跑动损失的2斤热量,还剩5斤;小猪能吃3斤,扣除2斤热量,还剩1斤。大猪按按

① 崔卫国、刘学虎:《小故事大经济》,经济日报出版社2008年版,第128—129页。

钮、小猪等待的收益组合之所以为(4,4),是因为大猪按按钮回来吃食,不仅损失跑动的2斤热量,还让小猪先到槽,根据假设它能吃6-2=4斤,小猪也能吃4斤。大猪等待、小猪按按钮的收益组合之所以为(9,-1),是因为根据假设,大猪先到槽可吃9斤,而小猪按完按钮跑回来不仅后到槽,还要损失跑动的2斤热量,只能剩1-2=-1斤热量。大猪等待小猪也等待,槽里不出食,谁也吃不到,所以收益组合为(0,0)。

现在我们看哪一个组合是大猪和小猪都认为是对它们最有利的。我们先从大猪的立场出发:当小猪选择按按钮时,大猪按按钮可得5斤,等待可得9斤,9>4,我们在9下画一横线;当小猪选择等待时,大猪按按钮可得4斤,等待可得0斤,4>0,我们在4下画一横线。我们再从小猪的立场出发:当大猪选择按按钮时,小猪按按钮可得1斤,等待可得4斤,4>1,我们在4下画一横线;当大猪选择等待时,小猪按按钮可得-1斤,等待可得0斤,0>-1,我们在0下画一横线。这样,我们得到画了横线的支付矩阵如表3-2所示。可以发现,大猪按按钮、小猪等待的组合是(4,4),里面有两条横线,说明大猪按按钮、小猪等待对它们来说都是最优选择。这时他们都不再愿意变动自己的策略,这种情况叫"纳什均衡"。

表3-2　智猪博弈的纳什均衡

		小猪	
		按按钮	等待
大猪	按按钮	5,1	4,4
	等待	9,-1	0,0

这个模型具有普遍意义。股份公司有大股东和小股东,谁来监督总经

理？是大股东。股市有大户和小户，谁来搜集信息进行分析？是大户。生产同种产品的有大企业和小企业，谁来搞研发和做广告？是大企业。同理，分管污水治理的有大领导和小领导，谁负主要责任？当然是大领导！所以，让主要领导担任河长，治理河水污染才能取得成效。同样道理，绿色发展必须实行首长负责制，由党政一把手亲自来抓，才能取得成效。

在"河长制"的基础上，现在又有了"链长制"。2020 年中央经济工作会议指出，要积极培育良好生态，打造一批领航型企业和细分领域冠军，带动上下游产业链发展。所谓"链长制"，就是择定地方经济发展的核心产业，通过地方政府主要官员甚至省市政府一把手担任"链长"，以"补链""强链"为目标开展一系列制度设计。我们相信，"链长制"的推行正如"河长制"的推行一样，必然会取得成效，为科学把握新发展阶段、深入贯彻新发展理念、加快构建新发展格局作出重要贡献。

2. 明确界定产权，实现市场机制与政府行为的耦合

产权是个人和组织拥有的一组受保护的使用资源的权利。在经济生活中，产权制度是很重要的，如果没有产权制度，就会导致资源浪费、生产热情降低和经济效率的损失。说到产权制度和理论，就不能不提到一个人，他就是科斯。科斯的贡献主要体现在他的代表作《社会成本问题》，这篇论文既没有图表，也没有方程式，满篇都是引用的律师和法官的话，很大一部分是针对庇古《福利经济学》一书提出的观点。庇古用外部性说明"市场失灵"需要政府干预，科斯提出了疑问，并用"牛走失后的设想"说明，政府干预未必会使情况得到改善，只要产权明晰，市场竞争机制就会通过产权交易自然而然实现资源的优化配置。[①]

---

① 崔卫国、刘学虎：《小故事大经济》，经济日报出版社 2008 年版，第 156—157 页。

"牛走失后的设想"是这样的:养牛人与农夫相邻而居,牛跑到农夫的地里吃麦子,给农夫造成损失。怎么解决这个问题呢? 有两种情况:一种情况是养牛者没有权利让牛去吃麦子。在这种情况下牛吃了麦子,养牛者要赔偿。赔偿多少呢? 对于养牛者来说,根据利润最大化原则,如果牛吃麦子后体重增加了,增加的收益(即边际收益)大于或等于增加的赔偿费(即边际成本),他就愿意拿出这笔赔偿费,否则他宁愿拿这笔钱去修隔离牛群的篱笆。另一种情况是养牛者有权利让牛去吃麦子。在这种情况下牛吃了麦子,养牛者就无须赔偿了,但农夫可以根据牛吃麦子的情况付给养牛者一笔费用,让他约束牛的行为。付多少费用呢? 对于农夫来说,根据利润最大化原则,如果牛被约束后麦子少受的损失(即边际收益)大于或等于他增加的给养牛人的费用(即边际成本),那么他会这么做;否则他宁愿放弃种麦子而去干别的。可见,不论是哪种情况,即养牛人是否有权让牛去吃麦子,结果都一样,双方都能找到符合自己利益最大化的办法。科斯的分析说明:不论产权的初始分配是否合理,只要产权界限是清晰的,而且是可以自由交换的,那么此时的市场机制就是充分有效的,可以通过当事人的谈判使资源得到最有效的配置。这个结论被称为科斯定理。

科斯定理揭示了产权制度安排与经济资源配置效率的相互关系,为市场机制与政府行为的耦合提供了理论依据。现在广为应用的 PPP 模式,就是在产权明晰的基础上市场机制与政府行为相耦合的典范。PPP 模式是 Public Private Partnership 的缩写,中文直译为"公私合伙制",是指政府与私人组织之间,为了提供某种公共物品与服务,以特许权协议为基础,彼此之间形成一种伙伴合作关系,并通过签署合同来明确各方的权利和义务,以确保合作的顺利完成,最终使合作各方达到比预期单独行动更为有利的结果。PPP 模式将部分政府责任以特定方式转移给了社会主体(企业),政府与社会主体建立起"利益共享、风险共担、全程合作"的共同体关系,将市场机制引入基础设施建设和环境保护的投融资当中,能使政府的财政负担减轻、企业的投资风险减少,是资源配置的一种有效形式。

PPP 模式的一个成功案例,就是纽约曼哈顿岛上布朗特公园的改制。这个公园面积不大,过去肮脏不堪,经常有人随地大小便,交易毒品与色情,凶杀与抢劫也不时发生。纽约市政府对公园进行了几次整顿,效果都不大。后来市政府和私人公司合作,签订了合同,私人公司保证在政府现有财政拨款的水平上,若干年后让公园面貌焕然一新。现在公园打扫得很干净,花团锦簇,绿草如茵,园中央还有上百把椅子供游人休息,人们在这晒太阳、看书下棋、喝咖啡、吃快餐,夏日的夜晚还有免费的音乐会。在拥挤嘈杂的曼哈顿城里,布朗特公园好像沙漠中的一块绿洲,给人舒心自在的感觉。

3. 严格规章制度,不断加大对违规排放的惩罚力度

资源浪费和环境污染的现象之所以屡禁不止,是因为它有需求,污染的成本小,收益大,企业有利可图。为了减少污染,政府必须制定一些规章制度,约束企业的行为。这些规章制度,无论是约束企业少排污也好,还是少浪费也好,结果都是减少对自然资源的需求。如图 3-7 所示,经济社会原来对自然资源的需求为 D_1,这时资源价格为 OP_1,资源使用量为 OQ_1。后来经过经济社会的努力,自然资源的需求相应减少,需求曲线左移到 D_2 的位置,这时资源价格为 OP_2,资源的使用量为 OQ_2。因为 $OQ_2<OQ_1$,这说明政府一系列节能减排规章制度的贯彻落实,可以促使资源的使用量减少。这正是绿色发展所要达到的目标之一。不过我们也发

现,由于资源的供给缺乏弹性,供给曲线 S 比较陡直,所以 $P_2P_1 > Q_2Q_1$。也就是说,为了减少资源的使用量,政府需要付出更大的代价,采取更严格的措施。

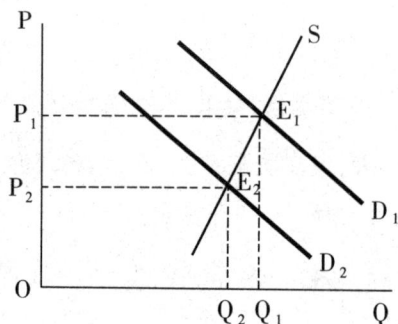

图 3-7 环境污染的综合治理

实际上,我国对污染物排放行为的违法监管标准越来越严格,它经历了三个阶段①:第一阶段,无事故排污。1989 年《环境保护法》规定,造成环境污染事故的企事业单位,根据所造成的危害后果处以罚款;情节较重的,对有关责任人员由其所在单位或者政府主管机关给予行政处分。此外,有两点限制:一是排放污染物超过污染物排放标准的,缴纳超标准排污费;二是对造成环境严重污染的,限期治理。第二阶段,达标排污。2000 年《大气污染防治法》规定,向大气排放污染物超过国家和地方规定排放标准的,应当限期治理,并处 1 万元以上 10 万元以下罚款。2008 年修订的《水污染防治法》作了类似规定。第三阶段,按证排污。2014 年修订的《环境保护法》规定,国家依照法律规定实行排污许可证制度,未取得排污许可证排放污染物,被责令停止排污,拒不执行的,除依法予以处

---

① 环境保护部环境与经济政策研究中心编著:《生态文明制度建设概论》,中国环境出版社 2016 年版,第 136 页。

罚外,移送公安机关,对其直接负责的主管人员和其他直接责任人员处以拘留。

4. 推行绿色教育,营造"润物细无声"的文化氛围

任何经济形式都产生于一定的社会环境和文化氛围之中,所以政府要大力开展绿色教育,使习近平总书记"绿水青山就是金山银山"理念更加深入人心。这项工作既应该是学校和培训班的集中教育,也应该是渗透在日常生活中的分散教育。如何营造文化氛围也是绿色教育的一个重要方面。我们不仅应该要求自然环境是绿色的,也应该要求人文环境是绿色的,就是要追求那种"好雨知时节,当春乃发生。随风潜入夜,润物细无声"的境界。所谓绿色教育,不仅内容是绿色发展,形式上也要模拟自然状态,既有电闪雷鸣,又有和风细雨,而和风细雨是常态,"润物细无声"是最高境界。我们用模型来说明什么叫作"润物细无声"。

我们每个人为了实现某个目的都在努力,但努力程度和满足程度并不总是一致的。如果用横轴 OE 表示努力程度,纵轴 OS 表示满足程度,那么努力和满足的关系就可以用图 3-8 中的 SE 曲线来表示。SE 曲线之所以先上升后下降,反映了边际效用递减规律。SE 曲线可分为[1]、[2]和[3]三个部分,其中第[2]部分显示出一个相对的平顶,努力程度有 E_1E_2 一个较大的变化,满足程度只有 S_1S_2 一个较小的变化。也就是说,在这个区域人们反映迟钝,多努力一些和少努力一些感觉都差不多。这个区域叫作惰性区域。

每个人都有惰性区域,彼此的惰性区域还会重合。如图 3-9 所示,区域[2]就是两个惰性区域重合的部分。在这个区域两个人有共同的努力点,并且这些努力点在两个人的惰性区域内。由于每个惰性区域的每个努力点彼此难以区分,而且都在均衡位置,并且在这个范围内个人将是

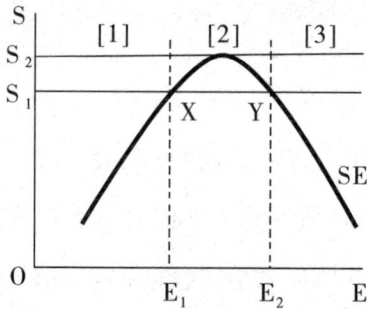

图 3-8　惰性区域

灵活的、自在的,可以指望一个人的行动与他人的行动相符合,而又不需要细致的监督就会改变其努力程度。在这个共同的惰性区域内,一个人可以通过自己的行为潜移默化地影响另一个人,这就是"润物细无声",也叫作"文化"。如果我们把这个范围扩大,不是两个人而是一群人,就形成了企业文化、学校文化、城镇文化、地区文化、民族文化。民族文化其实就是这个民族大多数人共同拥有的惰性区域内的相互影响。在这个区域内,人们的思想是合拍的、同步的,容易发生共鸣和共振。政府行为就是要促使这个文化是积极向上的、和谐团结的、学习创新的,它就能很容易地影响每一个人,使每一个人只要到这个环境,就能很快地感受到这种文化氛围,使自己的行为不由自主地也向积极向上、和谐团结、学习创新的方向努力。绿色发展需要这样的文化氛围。

三、绿色发展中政府行为的边界

政府行为和市场机制要耦合,每一次耦合都应该是一次帕累托改进,这就是政府行为的边界。帕累托改进和帕累托最优的概念是意大利经济学家帕累托提出来的,帕累托改进是指如果一项改变能使一些人的处境

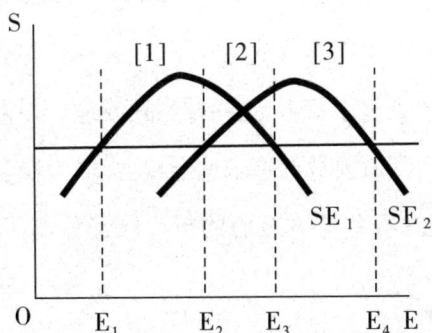

图 3-9　润物细无声的文化氛围

变好,而其他人的处境不会变坏,这种变化就是帕累托改进。不能进行帕累托改进的状态就是帕累托最优。帕累托最优表明,这时任何调整都不可能在不使其他人状况变坏的情况下而使任何人的境况变好。比如一个30座的客车,没坐满之前每增加一个乘客就是一个帕累托改进,坐满之后就达到了帕累托最优。因为这时如果有人想占两个坐位,以使自己舒服一些,就得有人站起来,他的处境就会变差。通俗地说,如果我们每一个人在不损害其他人利益的前提下还有可能争取自己的利益,那尽管去争取好了,这叫帕累托改进。但如果到了要争取自己的利益就必然要损害其他人利益的地步,也就是说已经不存在帕累托改进的空间了,这时就达到了帕累托最优状态,就不要做任何变动了。有人以为经济学教人不择手段地去追逐个人利益,这显然是一种误解。帕累托最优的概念让我们懂得经济学为个人利益的追求设置了边界,在这个边界之内每个人对个人利益的追求在"看不见的手"的作用下能够促进社会的公共利益,在这个边界之外则不然。

有人说你这说的是个人行为的边界,可我们现在说的是政府行为。其实道理都一样,我们把个人利益换成政府利益就行了。政府利益就是追求权力的最大化。政府追求权力是没错的,没有权力怎么办事?但追求权力必须有个限度,不能降低社会效率,损害社会利益。如果不降低社会效率,政府尽可能去追求权力,这叫帕累托改进。如果政府要追求权力就要降低社会效率,那就要放弃追求这个权力,因为社会已经达到了帕累托最优状态了。现在有些地方政府的行为已经偏离了帕累托改进的轨道,值得注意。①

一是标准太苛刻。很多法规是职能部门请专家来制定的,而很多专家只追求质量这个单一目标,而对其他诸如成本、美观、方便、实用等关联因素视而不见。管理学有个质量成本的概念,它包括预防成本与鉴定成本、不合格产品的内部损失和外部损失。如图 3-10 所示,预防成本与鉴定成本 C_1 随合格品率的上升而上升,内部损失和外部损失 C_2 随合格品率的上升而下降,于是质量总成本 C_3 呈先降后升的 U 字形。这样就把合格品率分成三个区域:A 点以前是改进区,A、B 之间是适宜区,B 点以后是过剩区。合格品率到了过剩品就完全没必要了,会造成资源的浪费。可现在有些标准已经到了质量的过剩区了。比如玻璃杯没必要做到掉到地上不碎,抽屉内层没必要刷油漆。标准太苛刻,企业为了赚钱只能造假,结果整体的质量水平反而下降了。

二是体系不配套。各个行政部门都按照自己管理的权限设计工作流程,但部门之间的法规缺乏统筹协调,规章制度之间打架的事时有发生。比如有个朋友要开一家酒店,他租好房子后将 300 万资本金存入银行临时账号,银行告知这笔钱只能在营业执照办下来有了公章才能启用。他验资后去工商管理部门办理营业执照,工商部门告诉他须卫生部门审查

① 崔卫国:《地方政府经济学》,中国财政经济出版社 2017 年版,第 82—84 页。

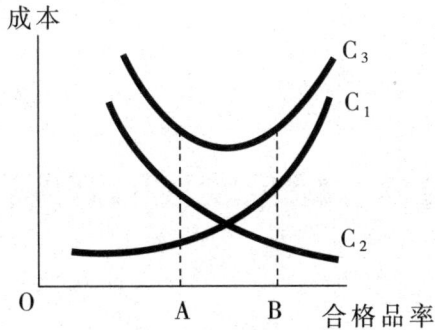

图 3-10 质量特性曲线

酒店是否符合卫生条件。他又到卫生部门办理卫生合格证,卫生部门说酒店装修好了他们去验收。而他要装修就得去银行取钱,银行又要营业执照。就这样,兜了一大圈问题又回到了原点。

三是立法不慎重。职能部门有一种权力扩张的冲动。2012 年 6 月 14 日,黑龙江省人大通过了《黑龙江省气候资源探测和保护条例》,其中规定"企业探测开发风能及太阳能必须经过气象部门批准,而且探测出来的资源属国家所有。"引发了社会的广泛争议,质疑者说,其实是气象部门增设行政审批门槛扩权寻租。我国《宪法》第九条提到的自然资源不包括风能、太阳能,风能、太阳能和矿藏、水流不同,矿藏、水流是不可再生资源,具有竞用性,有人使用了别人就不能再使用;而风能、太阳能是可再生资源,不具有竞用性,有人使用了别人还可以再使用。对使用这样的资源收费不仅有悖常理,而且会挫伤企业使用这些资源的积极性。不仅不应收费,还应进行补贴,因为利用新能源的企业发展了,就能减轻对传统能源的消耗,促进我国的绿色发展。

第四章　绿色发展的制度保障

自 2007 年党的十七大首次提出建设生态文明的要求以来,我国有关绿色发展的理论认识不断深入,一系列有关绿色发展的制度陆续出台,这对进一步推进绿色发展提供了重要的制度保障。这一章主要阐述绿色发展中制度保障的意义,重点介绍自然资源资产产权制度。

第一节　绿色发展中制度保障的意义

一、制度的概念

什么是制度? 它有两个基本含义:一是指在一定历史条件下形成的政治、经济和文化等各方面的体系。比如"社会主义制度"、"资本主义制度"。这是制度的宏观含义。另一个是微观含义,是要求成员遵守的、按一定程序办事的规则。也就是说,制度就是规则。我们常说的制度就是企业的一种游戏规则中的"游戏规则"就是制度。我们将两者结合起来可以这样定义:制度是决定人们相互关系而设定的一系列社会规则,它包括人际交往中的规则和社会组织的结构、机制。制度有以下特性。

(1)制度具有适用范围。任何制度都只适用于一个共同体内部,在这个共同体内部适用,离开这个共同体就不适用了。以前我们没有加入世贸组织,世贸组织的规则对我们就不适用;现在加入了世贸组织,世贸组织的规则对我们就适用了。美国常用国内法来代替国际法,就是无视制度的适用范围,把自己的意志强加给别人。

(2)制度具有公开性。制度必须公开、透明,使共同体的成员都知道。如果不公开、不透明,共同体的成员不知道,就谈不上去遵守它。俗话说"不知者不为过",还有"法不禁止即自由",都是这个道理。所以我们要大力宣传中央有关生态文明和绿色发展的政策法规,让大家都知道,都去遵守。

(3)制度具有约束力。所谓约束力,就是具有强制性,不遵守制度要受到惩罚。如果违反制度不惩罚,搞"刑不上大夫"或"区别对待",制度就会失去权威性,久而久之就不成其为制度了。违反制度一定要追责,就如同一把高悬的"达摩克利斯之剑",使制度具有威慑力。

二、保障绿色发展的制度体系

绿色发展不是一两个制度就能保障的,必须由不同的制度形成一个完整的制度体系。因为一两个制度只能保障绿色发展的一两个方面,而绿色发展是一个复杂的社会系统工程,包含很多方面。

1. 绿色发展的政策体系

政策是执政党对组织成员作出决策或处理问题时所应遵循的行为方针的一般规定。绿色发展的政策体系包括四个层面:(1)基本政策。它是绿色发展最根本的指导性政策,其目的是确定绿色发展在经济社会发展中的战略地位,提出绿色发展的总体战略目标、战略步骤、主要制度和措施。(2)重点领域政策。它是直接推动绿色发展重点领域的政策,如环境保护政策、绿色工业政策、绿色农业政策、资源节约政策等。(3)制度环境政策。它是指在更大程度上为绿色发展创造良好制度环境的政策,可分为宏观经济政策、基础性激励制度和考核制度三部分。(4)市场协调政策。它充分发挥各级政府的支持、引导、监督作用,通过规划、法规的制定和实施,不断完善绿色发展的市场机制。

按理说,政策的约束力应该对组织的所有成员都是相同的,这才公平。但因为资源是有限的,不可能做到对组织所有成员都一样,于是就有了政策的差别性,就有了优惠政策。优惠政策是对组织的某些成员放松了要求,别人不能干的他可以干。于是政策又有了一个特性——灵活性。正是这个灵活性,使地方政府有机可乘,上有政策,下有对策,政策效果就大打折扣。绿色发展当然需要优惠政策了,优惠政策是稀缺资源,有时比增拨几百万甚至几个亿资金的作用都大。改革开放以来,中央先是给经济发展很多优惠政策,使得很多地区发展速度很快。现在回过头搞环境治理,留下来的政策空间已经很小了。这也优惠那也优惠,也就无所谓优惠不优惠了。优惠政策的边际收益递减,它对绿色发展的作用不再像改革开放初期那么大。所以,绿色发展不能光靠政策,还要靠法律等其他制度安排。

2. 绿色发展的法律体系

法律是由国家制定或认可,依照法定程序制定、修改并颁布,并由国家强制力保证实施的行为规范的总称。法律体系包括宪法、法律法规、地方性法规三个层次,由宪法及宪法相关法、民商法、行政法、经济法、社会法、刑法、诉讼与非诉讼程序法等具体法律组成。绿色发展需要法律体系来保障。中国还需要一部《绿色发展促进法》,作为绿色发展的基本法。

法律和政策不同,"法律面前人人平等",而政策则需要区别对待,

"没有区别就没有政策"。法律和法治也不同,法律体现了统治阶级的利益,而法治是指国家的全部社会生活都在国家公布的法律的规范下进行,任何违背法律的社会现象和个人组织都必须受到法律的制裁。这个法律不仅能管老百姓,也能管政府官员,法大于权。绿色发展不仅符合统治阶级的利益,也符合全体人民的利益,所以它不仅需要法律,更需要法治。"把权力锁在法律的笼子里",这是绿色发展的基本要求。

现在来说明,绿色发展需要政府加大对法治的供给。在市场经济条件下,市场对法治有需求,政府对法治有供给。市场对法治的需求量与为此付出的代价成反比,即代价越高,法治需求量越少。所以,在以横轴表示法治数量、纵轴表示法治代价的坐标系中,法治的需求曲线向右下方倾斜。而政府对法治的供给量与它因此获得的收益成正方向变动关系,即收益越大,法治的供给越多。所以,在以横轴表示法治数量、纵轴表示法治收益的坐标系中,法治的供给曲线向右上方倾斜。在市场经济条件下,市场想尽量降低法治代价,政府想尽量提高法治收益,双方经过竞争和博弈,在需求曲线和供给曲线的交点实现了社会的均衡。

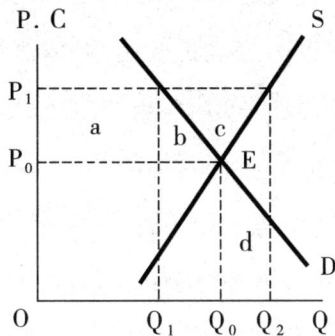

图 4-1　法治的需求与供给

在图 4-1 中,横轴 OQ 表示法治数量,纵轴 OP.C 表示法治收益与代价,法治的需求曲线 D 与供给曲线 S 交于 E 点,决定了均衡的法治代价为 OP_0,法治数量为 OQ_0。因为环境污染,法治的代价上升为 OP_1,使得市场对法治的需求量下降为 OQ_1,政府对法治的供给量上升为 OQ_2。这时,市场的消费者剩余损失了 a+b。可见,环境污染使市场的状况恶化了。表面上看政府的生产者剩余增加了 a+b+c,但还要考虑法治扩大的成本。由于 Q_0Q_2 为法治供给扩大部分,其剩余损失为梯形 d。如果 d>a+b+c,会导致政府剩余的净损失。所以,为了社会福利的最大化,政府需要加大对法治的供给,使供给曲线 S 向右移动,这样才能减少 d,也就是减少政府剩余的净损失。

3. 绿色发展的财税体系

财税体系是指政府以税收作为主要来源,以实现政府职能的相关举措与制度。政府收入包括税收收入、公债收入、公共收费、公有财产收入和国有企业收入,政府支出包括公共消费支出、公共投资支出、社会保障支出和政府财政补贴支出。

税收有两种,一种是间接税,指的是纳税义务人不是实际负担人,纳税义务人能够用提高价格或提高收费等方法把税收负担转嫁给别人的税种。如关税、消费税、销售税、货物税、营业税、增值税等。一种是直接税,是指纳税义务人同时是税收的实际负担人,纳税人不能或不便把税收负担转嫁给别人的税种。如个人所得税、企业所得税、房产税、印花税等。

环境保护税是很多发达国家用于维护环境,针对污水、废气、噪音和废弃物等突出的"显性污染"进行强制征税。我国从 2018 年 1 月 1 日起,正式施行了《中华人民共和国环境保护税法》。该税法的施行取得一定效果,但也存在缺陷:没有对生产和销售塑料购物袋的厂家征税,使得塑料购物袋泛滥成灾,对环境造成严重污染。国务院办公厅曾发布了"限塑令",规定商店不得提供免费塑料购物袋,但因价格低,根本引不起人们的重视,所以收效甚微。应该从源头上解决问题,对生产塑料购物袋的厂家课以重税,这样既能较大幅度地提高生产厂商的成本,使它减少或停止生产塑料袋;又能较大幅度地提高塑料袋的价格,使消费者减少或停止塑料袋的使用。

如图 4-2 所示,横轴 OQ 表示塑料袋数量,纵轴 OP 表示塑料袋价格,D 为塑料袋需求曲线,S_1 为原来的塑料袋供给曲线,它与 D 相交于 E_1 点,这时的均衡价格为 OP_1,均衡数量为 OQ_1。政府对塑料袋生产企业征收重税以后,它的成本增加,供给减少,供给曲线左移到 S_2。这时的均衡价格为 OP_2,均衡数量为 OQ_2。$OP_2>OP_1$,$OQ_2<OQ_1$。可见,对塑料袋生产企业征收重税,既可以大幅度减少塑料袋的生产,又可以大幅度提高塑料袋的价格,起到了限制塑料购物袋生产和消费的作用。不光是对塑料购物袋生产应该征收重税,对生产一次性筷子、一次性饭盒也应该征收重税,使人们养成到商店购物自带购物袋、到饭店吃饭自带饭盒的习惯,把买到的商品或吃剩的饭菜带回来。有人说给塑料袋生产征收重税,势必会提高农用塑料薄膜的价格,损害农民的利益。我们说,税务部门对什么是塑料购物袋、什么是农用塑料薄膜还是分得清的,不用担忧。

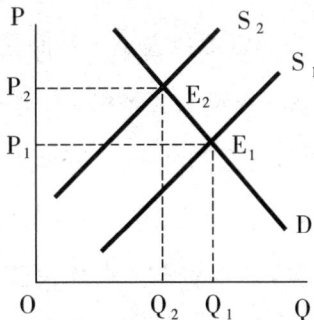

图 4-2 对生产塑料袋征税的效应

资源税是对使用自然资源征税的税种的总称,资源税分为级差资源税和一般资源税。级差资源税是国家对开发和利用自然资源的单位和个人,由于资源条件的差别所取得的级差收入课征的一种税。一般资源税就是国家对国有资源,如我国宪法规定的城市土地、矿藏、水流、森林、山岭、草原、荒地、滩涂等,根据国家需要,对使用某种自然资源的单位和个人,为取得应税资源的使用权而征收的一种税。资源税的征收有几个好处:一是有利于自然资源的节约使用,因为多使用就要多交税;二是有利于缩小地区之间的收入差距,因为欠发达地区矿藏比较丰富,多收上来的税可留取相当一部分用于本地区的发展。

但是,我们也应该看到,间接税有负面影响,会造成无谓损失。

如图 4-3 所示,需求曲线 D 和供给曲线 S 交于 E 点,决定了均衡价格为 OP_0,均衡数量为 OQ_0。如果征收了间接税,企业会把一部分税负转嫁给消费者,将价格提升到 P_2,使消费者剩余减少了梯形 P_0EFP_2。企业自己也要负担一部分税负,实际得到的价格为 OP_1,生产者剩余减少了梯形 P_1GEP_0。如果总剩余的减少换来的是政府收入的增加,那税收没有造成损失。但现在不是了,税收是 P_1GFP_2,总剩余的减少却是锥形 P_1GEFP_2,两者比较,还有三角形 GEF(即阴影部分)的剩余损失没有补偿,这就是间接税的无谓损失。资源税也是一种间接税,也会有无谓损失。看来,不征资源税不行,征了又会有无谓损失。所以,我们对资源税的征收要慎重,不能多征。多征了会抬高物价,降低人民的生活水平,也会影响企业的生产积极性。同时,我们还建议在资源税收入分配中能够给资源所在地更大的分成。这是因为资源所在地大多在我国西部,给资源所在地更大的分成,有利于西部大开发战略的实施。同时,资源所在地往往因为资源的开发造成环境污染,需要更多的资金去治理。

110

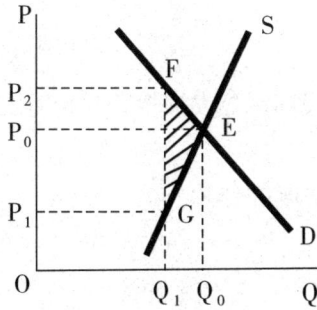

图 4-3　间接税的无谓损失

4. 绿色发展的金融体系

金融是货币资金融通的总称,主要指与货币流通和银行信用相关的各种活动。我国的金融体系是以中国人民银行为领导、国有商业银行为主体、其他金融机构并存和分工协作的金融系统。

金融作为现代经济的核心和血液,必须为绿色发展作出贡献。(1)推进绿色发展创业板市场的建立。目前在中国上海和深圳两个股票交易市场已经有几十家与环境保护有关的上市公司,还需要创立专门的融资市场,为绿色发展企业创造可持续的直接资金来源。(2)充分利用政策性金融的支持。国家开发银行作为政策性银行,以往参与支持了基建和环保设施建设。将来要从单个项目的支持,转变为通过各地环保部门和发改委的平台,形成有重点、有层次的总体融资支持。(3)开发更多的与绿色发展相关的金融产品。发达国家金融产品层出不穷,只要某一经济领域未来可能产生稳定而巨大的收益,目前又缺乏有效的融资体制支持,都可能创造出可操作的金融产品。绿色发展正需要这样的金融创新环境。应开发更多的绿色发展金融产品,如绿色抵押、生态基金、巨灾债券、天气衍生品和排放减少信用等。(4)创立专门的绿色发展投资基金。中

111

央级绿色发展投资基金可以由政府财政出面设立,民间绿色发展投资基金则可以动员民间的力量,为绿色发展作出贡献。政府应加以引导,通过特定的优惠政策,促进民间绿色发展投资基金的发展壮大。

三、绿色发展中制度的作用

1. 好的制度可以减少不可预见行为

所谓不可预见行为,就是当事人在经济活动中的一个环节结束以后,不清楚下一步将会发生什么。比如,在坟头烧纸会不会引起火灾？在田头烧秸秆有没有事？企业排污会不会受到惩罚？如果没有制度,人们就会存在侥幸心理,大胆为之,结果酿成环境破坏的后果;有了制度,人们知道这样做是不行的,后果很严重,会受到惩罚,就会约束自己的行为,从而避免破坏环境的事情发生。也就是说,制度可以增强或保证人们在经济活动中的预期,一个程序完了就知道下一个程序是什么,不给破坏秩序的行为留下可乘之机。有的时候我们可能不知道为什么要这么做,或不习惯这么做,但制度就是制度,照着执行就是了,从而减少犹豫,果断行事,大大提高办事效率。

要使人们的行为具有可预见性,制度必须是稳定的,不能朝令夕改;制度的语言也必须是准确的,不能模棱两可。2003 年 7 月 28 日有报道称:经过一审、听证等多道立法程序后,《广东省爱国卫生工作条例(草案)》提交广东省第十届人大常委会第五次会议进行二审,其中备受关注的"不吃野生动物"的规定被修改为"不滥吃野生动物"。"不滥吃"就是模糊语言,什么样的吃才叫"滥吃"？这样的条文写入法规,执法人员不好把握,也给一些不法分子留下了可乘之机。

2. 好的制度可以减少机会主义行为

"机会主义"本来是个政治词语,后来经济学借用了它,指那些不遵守市场交易规则、唯利是图的经济行为。美国经济学家威廉姆森认为,机会主义就是用诡计来追求自我利益。①

市场经济是一种利益驱动的经济体制,经济主体追求利润最大化是没错的,但必须有一个前提,那就是要遵守市场交易规则。经济学追求的最高境界就是帕累托最优,也为我们的经济行为设定了界限。所以说,市场经济本质是一种契约经济、诚信经济、规则经济、法制经济。制度是市场经济的必要保证,它可以减少机会主义行为。比如,为什么现在的雾霾越来越严重? 有环保工程师说,主要不是因为汽车尾气,而是因为热电厂烧煤;不是因为有害物质超标排放,而是因为排放温度不够。热电厂都按要求安装了冷凝脱硫设备,本来应该脱硫后加热到 80 度再排放,这样烟气就可以升到高空才扩散,就不容易形成雾霾。可是热电厂为了自己的利益,不开动加热器,致使排放的烟气温度太低、湿度太高,很难扩散到高空去。发达国家的制度不仅对排放含量有要求,对排放温度也有要求。我们国家仅对排放含量有要求,对排放温度没有要求,这就让热电厂钻了空子。如果我们的制度再完善一些,执行再严格一些,就可以减少这样的机会主义行为。

3. 好的制度可以减少合作成本

习近平总书记在《关于〈中共中央关于全面深化改革若干重大问题的决定〉的说明》中指出:"山水林田湖是一个生命共同体,人的命脉在田,田的命脉在水,水的命脉在山,山的命脉在土,土的命脉在树。用途管

---

① ［美］奥利弗・E.威廉姆森:《反托拉斯经济学》,张群群、黄涛译,经济科学出版社 2000 年版,第 92 页。

制和生态修复必须遵守自然规律,如果种树的只管种树、治水的只管治水、护田的单纯护田,很容易顾此失彼,最终造成生态的系统性破坏。对山水林田湖进行统一保护、统一修复是十分必要的。"这一重要论断阐明了生态系统整体性这一本质特征,也要求各地区、各部门、各单位要紧密合作,只有合作才能打赢生态保护的攻坚战。而要想合作,就要有制度保障,制度可以减少合作成本。

博弈论里有一个模型,叫"囚徒困境",它告诉我们不合作将会给各方都带来很大损失。某地发生了一起纵火案,警察在现场抓到了两个嫌疑人。事实上,正是他们为了报复而放了火,但警察没有掌握足够的证据,只得把他们暂时隔离囚禁起来。为了让他们坦白交待,警察展开了攻心战,审讯时告诉他们:如果他们都承认纵火,每人将被判入狱 8 年;如果他们都不坦白,每人将只判入狱 2 年;如果一个抵赖另一个坦白并愿意出庭作证,那么抵赖者将被判入狱 10 年,而坦白者将被宽大处理——只判 1 年。攻心战果然奏效,两个嫌疑人都承认火是他们放的。这里囚徒甲和乙之间就是一场博弈,我们用支付矩阵将这两个囚徒在各种情况下的收益列出来,然后用划线法找出它的纳什均衡。如表 4-1 所示,甲坦白,乙也坦白的收益为(-8,-8),这个组合里有两条线,表明这就是纳什均衡。所以,两个嫌疑人只能选择坦白。

表 4-1　囚徒困境

		囚徒乙	
		坦白	抵赖
囚徒甲	坦白	<u>-8</u>,<u>-8</u>	<u>-1</u>,-10
	抵赖	-10,<u>-1</u>	-2,-2

如果这个博弈可以重复进行,他们就会发现,如果他们合作,对他们最有利,每人只须被判坐牢 2 年,而不是不合作的 8 年。当今世界上国家和国家之间不合作的例子很多。美国的特朗普总统为了"美国第一",就采取了对中国的不合作态度。事实将会证明,不合作主义对谁都没有好处,只能是两败俱伤,最后大家还得走到一起,签订合作协议。

4. 好的制度可以促进社会生产力的发展

制度不仅规定什么事情不能做,做了要受到惩罚;还规定什么应该做,做了要受到奖励。这样,企业不仅有压力,还有动力。在美国,政府充分发挥绿色税收政策,鼓励新能源开发和节能技术的应用,每购买一辆新能源汽车可减免联邦税 2000 美元,每回收处理一条废旧轮胎,政府都给相应补贴。企业利用轮胎进行加工,制造成胶粉、添加剂等,还可获得新的收益。我们国家也进行了这方面的工作,这就调动了全社会绿色发展的热情,促进了社会生产力的发展。

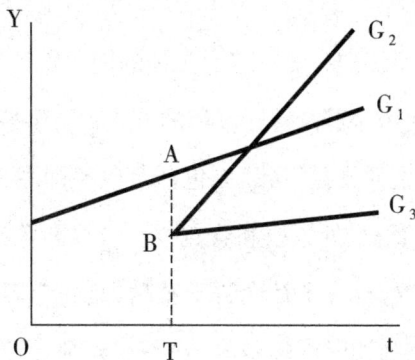

图 4-4 绿色发展中制度的意义

如图 4-4 所示,横轴 Ot 表示时间,纵轴 OY 表示产出,原先社会生产力的发展轨迹为 G_1,现在在 T 点开始实施绿色发展战略,因为一部分资源用于环境治理,所以产出水平暂时由 A 降到 B。这时如果有好的制度安排,产出速度从 B 点开始加快,沿一条更为陡峭的轨迹 G_2 增长,很快就会超过 G_1;如果没有好的制度安排,产出速度没有加快,只是沿一条比较平坦的轨迹 G_3 增长,不会超过 G_1。

第二节　自然资源产权制度保障

习近平总书记在《关于〈中共中央关于全面深化改革若干重大问题的决定〉的说明》中提出:"健全国家自然资源资产产权管理体制是健全自然资源资产产权制度的一项重大改革,也是建立系统完备的生态文明制度体系的内在要求。"建立健全自然资源资产产权制度(简称自然资源产权制度),有利于发挥市场调节的作用,实现资源的有效配置。

一、产权的基本含义与意义

产权是个人和组织拥有的一组受保护的使用资源的权利。它们能使所有者通过收购、使用、抵押、转让资产的方式持有某些资产,并占有这些资产在运用中所产生的收益,当然也包括负收益即亏损。产权一般包括所有权、使用权、占有权、处置权和收益权。产权和政治经济学里的所有权的概念不同,所有权是一个社会哲学范畴,是一个表达价值观的概念,主要针对生产资料,强调财产的归属,它不能分割;而产权则是一个经济范畴,是一个表达经济运行和资源配置效率的概念,针对一切资产和资源,强调的是"谁在实际占有和使用",它能够分割。

产权的基本特性有:(1)排他性,是指一项财产的所有者有权不让他人拥有和积极地使用该财产,并有权独自占有、使用该资产时所产生的效益。有了排他性,产权才有了激励作用。(2)可分割性,如通过股份制可以将公司所有权分割成很多份。有了可分割性,才可在短期内筹集到大量资本。(3)可转让性,即财产所有者可以根据自己意愿把财产转让、出租、拍卖、出售和赠送等。我国在农村实行土地承包经营责任制的初期,曾规定土地的承包经营权不可转让,造成某些地区土地的荒芜。后来作了调整,允许转让、出租和出售,不仅使土地资源得到了有效利用,也促进了规模化的经营。

　　明确产权的意义有:(1)降低交易成本。明确产权,可以减少搜集信息、签订合约和监督履约的费用。(2)减少"公地悲剧"。比如改革开放以前,发财是件不光荣的事,"发菜"不值钱;改革开放以后,发财是件光荣的事了,"发菜"有了象征意义,变得值钱了。由于草场产权不明晰,大家都去挖发菜,不挖白不挖,挖了也白挖,结果造成草场大面积毁坏。(3)有效保护稀缺物种。比如,由于象牙的价值高,导致偷猎大象的现象不断发生,大象的数量急剧减少。人们不禁要问:为什么猪羊越杀越多,而大象却越杀越少呢? 就是因为猪羊是家养的,产权清晰;而大象是野生的,产权不清晰。后来津巴布韦政府把非洲象的产权分配给当地村庄,由当地人进行管理,分享红利,结果津巴布韦的大象从 1900 年的 5000 头,增加到现在的 43000 头。(4)消除外部性。比如,环境污染是一种负的外部性,实行可转让许可证制度之所以能够取得效果,就是将污染排放也划定产权,允许企业进行排污权的交易,从而将市场机制引进来了,提高了效率。(5)维护市场秩序。科斯以土地为例分析说,如果土地的产权制度没建立起来,一个人要用这块地种庄稼,另一个人要铲掉庄稼盖房子,第三个人要把房子推倒建停车场,市场秩序就乱了。有了产权制度,任何人想要使用这块土地就必须给所有者付费,混乱状况就会消失。

117

（6）提供激励机制。张五常举例说，华盛顿州是一个养蚝胜地，不是因为它的气候好，而是这个州不仅允许私人拥有海滩，而且就连被海水浸着的地方也界定为私产，这样就调动了所有者养蚝的积极性。

二、自然资源产权制度的概念和作用

自然资源产权是社会团体或个人对某种自然资源资产的占有、支配、转让、受益及由此而派生出的其他权利的明确界定。自然资源产权符合一般产权的特征和内在要求，包括产权界定、产权配置、产权交易和产权保护四大制度或要素。但是，作为一种特殊产权，它也有和一般产权不同的地方。

1. 自然资源资产的概念

在一次世界珠宝拍卖会上，有一颗叫作"月光爱人"的钻石一下子就吸引了顾客的眼球。它晶莹剔透、光彩夺目，最后卖出了 8000 万美元的高价。这颗钻石是谁生产的？很多人都在表功。"梦幻"珠宝公司的老板托尼扬扬得意地说："我当初决定购买这座矿山开采权的时候，就觉得这里面一定有宝藏，现在果然应验了。"挖掘队队长鲍勃不服气了："为了挖到这颗钻石，我和同事们付出了艰辛的劳动。我们夜以继日地工作，几乎找遍了矿山的每个角落，好不容易才发现了它。"而向"梦幻"公司提供挖掘设备的厂商却说："我们公司的机器设备是世界一流的，如果没有我们提供的挖掘机，他们不可能在 50 米深的矿井中挖到这颗钻石。"最后，南非政府的官员说："只有在我们国家的土地上才能找到如此宝贵的钻石。在我们的国土下面还埋藏着数不尽的矿藏资源，欢迎各国的企业家来投资开采。"这里有三个问题，第一个问题是："月光爱人"的价值是谁创造的？第二个问题是："月光爱人"的产权是谁的？第三个问题是："月光爱人"是自然资源资产吗？

先说第一个问题："月光爱人"的价值是谁创造的？"梦幻"珠宝公司的老板托尼、挖掘队队长鲍勃、提供挖掘设备的厂商和南非政府的官员都在表功，其实，"月光爱人"的价值是大家共同创造的，离了谁都不行。传统理论认为，只有劳动才创造价值，其他的收入都是"剥削"和"不义之财"。这是不对的，这种理论既不符合事实，也不利于劳动与其他要素的结合，阻碍了经济的发展。一个产品的生产离不开劳动、资本、土地和企业家才能这四大要素，而这四大要素分别是由工人、出资方、土地所有者和企业家提供的。所以，"月光爱人"的价值是由工人、出资方、土地所有者和企业家共同创造的。他们也得到相应的报酬：工人获得工资，出资方获得利息，土地所有者获得地租，企业家获得正常利润。工资、利息、地租和正常利润分别是劳动、资本、土地和企业家才能的价格，而这些价格是由市场上的供求关系决定的。"月光爱人"之所以能卖出8000万美元的高价，也是因为供不应求。这些产品和生产要素在市场上都是公平交易的，"周瑜打黄盖，一个愿打，一个愿挨"，不存在谁剥削谁的问题。

再来看第二个问题："月光爱人"的产权是谁的？当然，最后谁买了它产权就是谁的。没卖之前，如果"梦幻"珠宝公司是托尼一个人的，产权归托尼独有；如果"梦幻"珠宝公司是合作企业或股份公司，产权归合作者或股东共有；如果托尼仅仅是"梦幻"珠宝公司的经理，公司产权没他的份儿，那么"月光爱人"的产权也没他的份儿。也就是说，"月光爱人"的产权属于生产"月光爱人"的"梦幻"珠宝公司的产权所有人，而不是生产要素的提供者，也不是创造其价值的每一个人。生产要素的提供者虽然为生产"月光爱人"作出了贡献，但他们也拿到了相应的报酬。"月光爱人"的产权所有人正是用出卖"月光爱人"产权得到的收入来支付这些报酬,剩下的就是他的利润。所以,利润也可以称之为是产权所有人的报酬。注意:利润和正常利润是不同的,正常利润是企业家才能的报酬,属于成本;而利润是收入减去成本(包括正常利润)的差额。所以,利润里不包含正常利润,因为它已经被扣除了。

再来看第三个问题:"月光爱人"是自然资源资产吗?《辞海》里将自然资源定义为"天然存在的自然物,不包括人类加工制造的原料"。于光远认为,自然资源是"天然自然中参与或可能参与人类经济社会生活的那个特定部分"。阿兰·兰德尔认为"资源是指由人发现的有用途和有价值的物质"。联合国环境规划署提出:"所谓自然资源,是指在一定的时间条件,能够产生经济价值以提高人类当前和未来福利的自然环境因素的总称"。根据这些定义,我们认为"月光爱人"是已经经过人类加工制造的产品,不是自然资源资产。不仅"月光爱人"不是,就连被用以打磨"月光爱人"的钻石矿也不是,因为它已经经过挖掘了。只有静静地躺在地底下,人们已经发现它的价值但还没开采的矿藏才是自然资源资产。如果还没有发现,不知道它是什么东西、有没有用途或有没有价值,也不能称之为自然资源资产。地下发现了自然资源财产,它的产权是谁的呢?在我们国家是属于国家的,国家允许你开采,就是将开采出来的产品的产权转让给你,你开采出来的产品的产权就是你的,不过那已经不是自然资源资产了。

2. 自然资源产权制度的概念

自然资源资产管理包括自然资源资产的利用管理和保护管理两部分。利用管理的主要内容是:资源开发规划与供给保障、自然资源配置(开采权与收益分配、使用总量控制与分配)、资源交易市场管理、自然资源节约等。保护管理的主要内容包括开采区生态环境保护(尾矿、矿渣安全处置、矿山生态恢复、林草封育等)、对自然资源所在地的生态系统健康的保护等内容。

自然资源资产管理的市场化机制,主要包括自然资源资产管理制度、自然资源的价格形成机制和有偿使用制度等,主要涉及以下六个方面:(1)政府在自然资源资产管理中的地位,如何处理好政府和市场的关系;(2)完善自然资源公有产权制度,重点解决公有产权虚置问题;(3)改革自然资源使用权制度,明晰产权责任,有偿开采;(4)建立自然资源流转权制度,促进自然资源资产合理定价和保值增值;(5)强化自然资源用途管理和监管制度,促进地方有序开发利用;(6)自然资源可持续利用制度,包括体现生态价值、资源节约和保护等。可见,自然资源资产产权管理制度是自然资源管理市场化机制的重要组成部分。

自然资源产权制度就是关于自然资源归谁所有、使用以及由此产生的法律后果由谁承担的一系列规定构成的规范系统,是自然资源利用和保护管理中最有影响力、不可或缺的基本法律制度。自然资源产权管理主要涉及资产清查与评估、登记、确权、产权流转(行政审批与市场交易)、资源产权的使用权和收益权分配、监管等。我国的农村土地承包制、林地所有权改革就是自然资源资产产权制度,这些改革已经取得了成效。

3. 建立健全自然资源产权制度的意义

(1)实现自然资源的可持续利用。我国在较长的一段时间偏重于经济增长速度,很多自然资源没有完成产权确定,使得自然资源被过度开采和使用,价格低下,浪费严重,人均 GDP 水耗、能耗大大高于发达国家水平。同时,还因为一些自然资源没有纳入市场定价,如清洁空气、清洁土壤、良好的生态环境等,使得这些免费产品被无约束地使用,加快了自然资源耗竭的速度。如果建立健全了自然资源产权制度,这种状况就可以被有效扼制。

(2)有助于减少"搭便车"现象。关于"搭便车"现象,有人做过一个试验:请来8个自愿参与者,先让他们单独用力拉绳,分别记录他们的拉力。然后把他们分成2人组、3人组和8人组,要求各组用尽全力拉绳,再分别测试各组的拉力。最后将每个组的拉力和每个人的拉力相比较,结果发现:2人组的拉力只是这两个人单独拉绳时拉力总和的95%;3人组的拉力只是这3个人单独拉绳时拉力总和的85%;而8人组的拉力则降到这8个人单独拉绳时拉力总和的49%。不是说人多力量大吗?为什么会出现这种情况?就是因为存在"搭便车"现象。单独拉绳时每个人的责任心都很强,拼了全力;而几个人一起拉绳时有的人就会自己不出力或少出力,让别人多出力。"搭便车"是一种普遍现象,"一个和尚挑水吃,两个和尚抬水吃,三个和尚没水吃"就是一例。科斯的产权制度理论认为,许多人共同使用一种稀缺资源时,如果资源产权不清晰,就会出现"搭便车"现象,即一些人不付成本而坐享他人之利,从而导致该资源被竞争性、掠夺性使用,形成"公地悲剧"。如果建立健全了自然资源产权制度,就可以缓解公共资源过度使用的问题,优化资源配置。

(3)有利于将污染的外部性内部化。污染的外部性我们知道,什么是"内部化"?实行可转让许可证制度以后,假定一个钢铁厂和一个造纸厂排出同样有害的东西,政府发放了许可证,规定每个厂每年的排污量为300吨,违反了这一规定要处罚。这两个厂之间达成一笔交易:钢铁厂以500万元购买造纸厂100吨排污权,这样钢铁厂每年可排污400吨,造纸厂可排污200吨。这两个厂排污总量没变,对环境的影响也没变,但排污成本却减少了。这是为什么?两个厂之所以愿意进行这种排污权的交易,说明双方都能在这种交易中获得好处,其原因就在于各个厂减少污染的成本不一样。假设钢铁厂由于生产技术特点,减少污染成本很高,比如说减少100吨污染需要花600万元。而造纸厂减少污染成本低,减少100吨污染只需400万元。当双方以500万元100吨污染权的价格成交后,对钢铁厂而言,多排100吨污染物,节省了600-500=100万元。对造纸厂而言,少排100吨污染物,也增加收益500-400=100万元。这两个厂的交易共有200万元的收益,等于减少了排污成本200万元。就这样,由于明确了排污的产权,不用政府出面,他们自己就把问题解决了,这就是"内部化"。

2001年,江苏南通天生港发电公司和南通醋酸纤维公司之间,达成了我国第一笔排污权交易。此后在山东、陕西、江苏、河南等省份,开展了二氧化硫排放总量控制及排污权交易的试点工作。具体做法是:环保部门按照国家二氧化硫总量控制目标,确定某地区环境容量允许范围内的排放总量,并以排放许可证的形式发放到企业。无证企业不能排污,否则会受到严厉惩罚。当一个企业所分配的二氧化硫排放指标将要用尽的时候,环保部门会给这个企业以警告。企业如果短期内无法减少污染排放量,就可以到市场上购买排放指标。出卖指标的是那些用上了脱硫设施的企业,它们通过出卖指标弥补购买脱硫设施的费用。当购买排放指标的企业觉得用这些钱还不如自己购置脱硫设备时,它就有了积极参与污染治理的动力。这样,治理污染就从一种政府的强制行为变成企业自主的市场行为。

三、我国自然资源产权制度的改革

1. 我国自然资源产权制度的现状

目前,我国的自然资源产权制度主要体现在土地所有权及其他物权

123

法律制度上,其他自然资源产权制度还在不断完善中,整体上呈现以宪法为统领、其他自然资源资产产权制度相配套的格局。在民法上,自然资源资产产权主要体现在自然资源的物权制度上。我国自然资源物权并非单一的物权类型,而是以自然资源为标的物的物权的总称。我国已经为自然资源的开发利用设置了土地使用权、土地经营权、矿业权、取水权、海域使用权等资源的利用权利。土地所有权及他物权法律制度业已基本形成,森林所有权及他物权法律制度业也已形成,草原所有权及他物权法律制度不断完善,其他如《水法》、《矿产资源法》也已制定。除此而外,土地资源的流转制度已经较为成熟,林权流转、矿业权出售等多形式流转局面基本形成。

2. 我国自然资源产权制度存在的问题

(1)产权主体缺位。虽然《土地管理法》规定农村土地为集体所有,但未明确这个集体由谁代表。国有自然资源名为国家所有,但所有权在经济上得不到体现,收益却转化为一些部门、集体或个人的利益,造成国有资产大量流失。

(2)产权收益分配不公平。按现行法规,我国矿产资源补偿费中央与地方5∶5分成(自治区4∶6分成),地方所得再在省、市、县进行分成,留给资源所在地的政府补偿费甚少。所在地政府和百姓不仅没获得多少好处,还要承受矿产开发造成的环境污染后果。

(3)资源价格机制存在缺陷。由于受传统的"资源无价论"影响,国有资产价值长期背离价格,只考虑勘探、开发和运营成本,不考虑自然资源的稀缺程度和市场价格,也不考虑环境污染的治理成本和自然资源枯竭后的退出成本。资源价格过低,导致乱采滥伐和浪费。

(4)产权交易市场不成熟。陕西定边县有一个农民,1984年成立了治沙公司,与有关部门签订了荒沙承包治理合同,到 1997 年种植各类树木 700 多万株,林木价值高达 3000 多万元。对于这些林木,他先是年年向林业主管部门提出间伐申请,后又提出移交 6 万多亩林木,并取得相应补偿,均遭拒绝。1998 年原先入股的 127 户村民纷纷退股,每人只分得 5000 多元"劳务费"。他不仅没有分到一分钱,还欠下银行 500 多万元贷款。只有投入没有产出,只能种植不能采伐,只有空头"产权"不能变现。这一案例体现了我国自然资源产权制度曾面临的巨大挑战。

3. 我国自然资源产权制度的改革方向

目前国际上自然资源产权运行模式主要有三种,一种是以英美为代表的土地所有者体系,土地归谁所有,那它上面和下面的自然资源就归谁所有;一种是以日法德为代表的自然资源产权体系,土地所有权与它上面和下面的自然资源所有权是分离的,未经允许,土地所有者不能对地下自然资源进行开发利用;还有一种是发展中国家的自然资源国家所有权体系,自然资源产权为国家或代表国家利益的国有自然资源企业所有。我们国家城市土地和森林、河流、矿藏归国家所有,农村土地和山林归集体所有,所有权、承包权和经营权"三权分置"。我们认为,我国自然资源产权制度的改革应该向以下几个方面努力:

(1)制定《绿色发展促进法》,以习近平总书记"绿水青山就是金山银山"理念为指导,既考虑自然资源的经济价值,又考虑它的环境价值,将绿色和发展结合起来,使这部法律成为我国绿色发展的指导性文件。

(2)建立权责明确的自然资源产权体系,着重解决自然资源产权主体缺位、产权收益分配不公平、资源价格机制存在缺陷、产权交易市场不成熟等问题,将分散在各种法规里的自然资源产权制度进行修改,增强其确定性和协调性。

（3）考虑到一些自然资源比如森林，具有公共产品的性质，私人经营有困难，像上述提到的农民治沙公司就是这样，国家可以按市价收购林木及其公司，使其成为国有资产，再往里注资，并交由有热情、有责任心的人进行管理。

四、我国农地产权制度改革的思考

"耕者有其田"是千百年来农耕者的梦想；"有恒产才有恒心"也是千百年来被无数事实证明了的真理。鉴于这两点，我国现有的土地产权制度还需要改革。

1. 土地的特殊性

土地是重要的生产要素，它和别的要素相比有其特殊性。

一是根据"土地价格上升定理"，土地越来越值钱，各国围绕土地的争夺也十分激烈，历史上很多政权由此发生了更迭。党在成立之初，就把推翻封建剥削制度，维护无产阶级的利益作为自己的责任和目标。八七会议后，党在创建革命根据地、进行军事斗争的同时，在广大农村革命根据地领导人民进行了轰轰烈烈的土地革命，废除封建地主土地所有制，实行耕者有其田的土地政策。农民有了自己的土地，再给他一杆枪让他保卫自己的土地，他能不踊跃吗？共产党的军队由此得以壮大，并最终取得了全国的胜利。"文化大革命"使得中国经济滑向了崩溃的边缘，是什么时候形势发生了变化了呢？是农村实行了家庭联产承包责任制以后。尽管这时土地的所有权还是集体的，但使用权却到了农民的手里。农民在自己承包的土地上耕作，收获主要归自己所有，这比人民公社的"大锅饭"强多了，怎么能没有积极性呢？困扰政府多年的全国人民的吃饭问题终于得到了解决，中国由此迈入了改革开放的强国之路。现在我们开始走工业化和城镇化的道路,农村土地的价值呈两极分化态势:靠近城镇的土地价值大幅上升,出现了寸土寸金的状况;远离城镇的土地价值大幅下降,出现了"撂荒"的情况。耕地红线和粮食安全问题便双双凸显出来。

二是土地具有不可移动性,这使得土地只有和劳动直接结合才能发挥最大的效益。很多西方国家在资本主义初期,土地是地主所有,资本家租用,雇农民耕种。资本家受地主剥削,不愿加大对土地的投入;农民受资本家和地主的双重剥削,缺乏生产积极性。现在的资本主义国家,生产关系已经发生了很大的变化,像美国的家庭农场,农民在自己的土地上耕种,收获完全归自己,靠机械化实现了规模化,又没有谁剥削他,才能得到和别的行业一样的平均收益。二战后日本的农业之所以得到了很大的发展,也是因为美国占领军强行推行农地改革,把地主的地分给农民,使得土地的所有权和使用权相统一,才调动了农民的积极性。

如图4-5所示[1],1947年日本土地剥夺(即土地所有权和使用权分离)情况还比较严重,经两次农地改革,到1950年这一情况大大改善,土地所有权和使用权基本趋于一致。东京大学大内力教授在总结这一历史时指出:"正如A.S.森达所说的那样,'所有权创造了点石成金的奇迹',这是农民所有者的意识诱发的心理效果。如果用狭义的解释就是,借地农制(即地主所有制)掠夺了地力,而小农民的所有具有维持地力的功能。"[2]

2. 农业的特殊性

农业以土地为基本的自然资源,它的特殊性也表现在两个方面。

一是农产品的需求缺乏弹性,于是就出现了"丰产不丰收"的情况,

---

① 日本农林省农地局农地课《昭和25年农地年报》,第155页。
② 东京大学社会科学研究所编:《战后改革之六:农地改革》,第383页。

千町

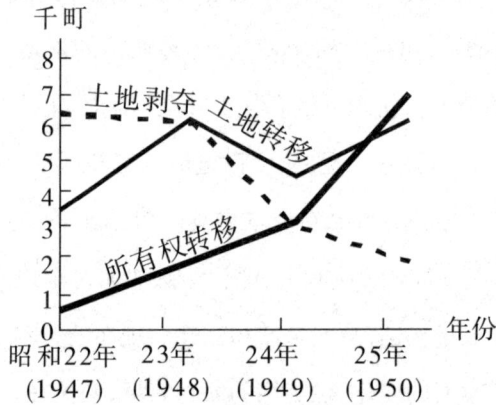

图 4-5　日本农地改革前后的产权变动

被本书称为"丰产不丰收定理"。二是农产品市场是完全竞争市场,导致农产品价格偏低,农民的收入很难提高。农产品市场之所以是完全竞争市场,是因为它基本符合完全竞争市场的几个条件:市场上有大量的买者和卖者,每一个厂商提供的商品基本上是同质的,进入和退出这个市场比较自由,信息也是比较完全的。因此,农产品市场是一个完全竞争市场。完全竞争市场的价格是由市场的供给和需求决定的,每个厂商只是市场既定价格的被动接受者,所以厂商的需求曲线是一条由既定市场价格水平出发的水平线。在价格为常数的情况下,平均收益曲线、边际收益曲线与需求曲线重合。所以,如图 4-6 所示,完全竞争厂商的平均收益曲线 AR、边际收益曲线 MR 和需求曲线 d 重叠,它们都用同一条由既定价格水平出发的水平线 d(AR=MR)来表示。MC 和 d(AR=MR)切于 E 点,决定了利润最大化的价格为 OP_0,产量为 OQ_0。这时,农产品市场处于均衡状态,平均收益 AR 最低,也就是农产品价格最低。这对农民很不利,压缩了农民的获利空间。

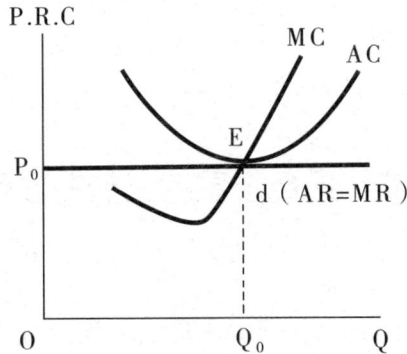

图 4-6　农产品市场的价格

3. 农地产权制度改革的建议

由于以上两个原因,所以农业属于弱势产业,从业者很难得到和别的产业一样的平均收益。政府若不采取特殊的扶持政策,农业很难得到发展。政府的特殊政策有两个:一是农产品的收购政策,即丰产时收购农产品,以保证农民的利益;减产时投放农产品,以保证消费者的利益。这个政策存在缺陷:由于干扰了市场机制,资源不能有效配置,也加重了政府的负担。另一个特殊政策就是进行制度创新,使得土地的所有权与使用权相统一,以减轻农业从业者的负担。目前我国农业从业者虽然不用交农业税,但还是要给土地承包者交承包费,这笔费用仍占整个收益的相当比例。考虑到我国目前的土地所有权、承包权与经营权"三权分置"的现实,一下子很难做到土地所有权和使用权的统一,但至少可以将土地的承包权和经营权统一起来,让农业从业者把承包费节省下来。为此,地方政府应该对农业从业者进行补贴,像当年支持国有企业职工买断工龄那样,花一笔钱支持农业从业者买断土地承包权。这样做不仅可以减轻农业从业者的负担,使他们能够把土地集中起来进行规模化经营,也可以做到土地承包权和经营权的统一,促进农村土地使用权的流转;还可以使进城务工的农民从土地上彻底解放出来,有一定资金在城市里安家落户。

第三节　绿色发展的其他制度保障

绿色发展除了需要自然资源产权制度保障外,还需要国土空间用途管理制度、生态补偿制度、污染物排放总量控制制度和排放许可证制度、自然资源资产离任审计制度、生态环境损害责任终身追究制度、生态保护红线制度、生态环境损害赔偿制度等制度的保障。

一、国土空间用途管理制度和生态保护红线制度

1. 国土空间用途管理的概念和意义

同一片土地,既可开发为耕地、林地、建设用地,也可以什么都不干,用于生态保护。地表植被,既可以开发其资源产品价值,也可以保留其环境功能价值。究竟干什么好,就需要从全局战略性角度,对国土空间的用途进行定位和规划,权衡利弊得失和机会成本。一旦确定国土空间上的资源开发定位,就不能随意变更。这就是国土空间用途管理。

土地按用途可分为农用地、建设用地和未利用地。国土资源是指国土范围内的所有自然资源。按其形成的自然属性,可分为土地资源、矿产资源、水资源、生物资源、海洋资源、气候资源等。按其开发方式,可分为优先开发区域、重点开发区域、限制开发区域和禁止开发区域四类。我国目前相关的法规有《生态文明体制改革总体方案》、《土地管理法》、《城乡规划法》等。

健全国土空间用途管理制度具有重要意义。

(1)有助于提高土地资源配置效率。根据经济学原理,土地资源配置如果能与市场需求完全吻合,经济效益则达到最大。在完全市场条件下,由于无法对破坏环境功能的土地使用进行调节,无法自主地将使用者造成的外部成本内部化,土地资源配置不可能达到最优状态。因而需要政府出面对土地空间用途进行规划和管理,以消除资源配置的扭曲现象。

(2)有助于国土资源的可持续利用。通过国土空间用途管理,划定并严守生态红线,制止任意改变用途行为,防止不合理开发建设活动的发生,使耕地和环境敏感区得到有效保护。任何一届政府为了政绩,都有可能突破生态红线搞形象工程。有了国土空间用途管理制度,就可减少这种风险。

(3)有助于减少国土资源的浪费。据统计,1986—1995年,我国耕地减少684万公顷,扣除开垦补充的耕地、净减少19万公顷。这10年间,我国非农建设占用耕地约197万公顷。很多耕地被占用后圈起来又不开发,任由里面长满了荒草。只有加强国土空间用途管理,才能防止此类现象的发生,满足经济社会发展对土地的需求。

2. 生态保护红线制度

生态保护红线制度是我国的创新制度,狭义的生态保护红线制度属于国土空间规划范畴。我国生态资源本来是很丰富的,但自20世纪50年代以来,由于资源和能源的无序开发和过度利用,面临着严峻挑战。为此,政府采取了很多措施,出台了一系列保护生态资源的政策法规。2011年《国务院关于加强环境保护重点工作的意见》指出:"国家编制环境功能区划,在重要生态功能区、陆地和海洋生态环境敏感区、脆弱区等区域划定生态红线,对各类主体功能区分别制定相应的环境标准和环境政策。"这是国家文件中首次正式提出"生态红线"的概念。所谓"红线",就是不可触碰、不能逾越的底线。2014年修订后的《环境保护法》,第一次将生态保护红线制度上升到法律的层面。后来中央又陆续下发一些文件,将生态保护红线制度进一步系统化,增强了可操作性。

划定生态保护红线具有重要意义:

(1)时刻准备为国家的生态安全敲响警钟。由于经济的发展,对生态资源的需求不断加大,我国生态系统被挤占、破坏的情况日趋严重。目前,我国生态系统退化趋势明显,湿地萎缩,生态系统服务功能持续下降。这种状况还没有引起足够重视。划定生态保护红线,等于安装了一个生态警钟,只有警钟敲响,才能使人们警醒,投身于保护国家生态安全的战斗中。

(2)为环境质量构筑最后一道屏障。随着经济社会的发展和人民生活水平的提高,人民群众对生态环境的要求越来越高。前不久人们还在关心空气中PM2.5含量,现在又在为新冠肺炎疫情担忧。划定生态保护红线,等于是构筑起保护生态环境的最后一道屏障。只有固守这道红线,人们才会安心,环境质量才能得到保障。生态保护红线就好比孙悟空用金箍棒给唐僧在地上画了个圈,在里面是安全的,出去了就有可能受到伤害。

(3)为子孙后代留下宝贵财富。绿色发展不仅是为我们这一代人造福,也是为我们的子孙后代造福。生态资源是有限的,用一点就少一点。我们划定生态保护红线,就是确定我们这一代用多少生态资源,留给后人有多少,不能稀里糊涂,没法给后人交待。

生态保护红线制度分为不同级别,国家有国家级的,各省区市有各省区市的。浙江省生态保护红线总面积3.89万平方公里,占全省国土面积和管辖海域面积的 26.25%,基本格局呈"三区一带多点"。"三区"为浙西南山地丘陵生物多样性维护与水源涵养区、浙西北丘陵山地水源涵养和生物多样性维护区与浙中东水土保持和水源涵养区;"一带"为浙东近海生物多样性维护和海洋生物稳定带;"多点"为部分省级以上禁止开发区域及其他保护地。浙江省生态保护红线分为陆域生态保护红线和海洋生态保护红线两类,陆域又分为不同区域。湖州市属于浙北水网平原及其他生态功能生态保护区,主导功能为水源涵养和水土保持,重点保护方向为加大水污染综合治理力度和河口治理力度,净化河湖水体,优化水资源配置,严格控制地下水开采,保护古文化遗址和湿地资源等。

3. 国家公园和自然保护区制度

我国对各种有代表性的自然生态系统、珍稀濒危野生动植物物种的天然集中分布地、有价值的自然遗迹所在地和文化遗址等,已经建立了自然保护地管理体制,但这些自然价值较高的自然保护地被切割,自然生态系统和野生动植物活动空间支离破碎,在管理理念、法律体系、管理机构、土地权属、经费来源等方面存在着一定问题。于是通过建立国家公园体制试点,探索国家公园体制建设,对这种碎片化的自然保护地进行整合。

目前,国际上对国家公园的定义都包含这么几个元素:(1)保护面积不小于 10 平方公里的自然地区,具有优美景观、特殊生态与地形,具有国家代表性,未经人类开采、聚居或建设;(2)为了长期保护自然原野景观、原生动植物、特殊生态系统而设置;(3)应由国家最高权力机构采取措施,限制工商业及聚居的开发,禁止伐木、采矿、设电厂、农耕、放牧及狩猎行为,以有效地维护自然景观及生态平衡;(4)维护原有的自然状态,作为现代及未来的科研、教育、游览和启智资源。

笔者去过的国家公园有三个,一个是金胡杨国家森林公园,它的前身是新疆泽普县亚司墩林场,笔者曾在那里接受再教育,生活和工作了两年;一个是梁希国家森林公园,它是为纪念共和国第一任林业部部长梁希而建立的,就在浙江省湖州市郊区;还有一个是竹乡国家森林公园,它在浙江省湖州市安吉县境内,以竹乡风情暨竹文化为主体以浩瀚的竹海为特色。

我国《自然保护区条例》对自然保护区的定义为:"对代表性的生态系统、珍稀濒危动植物的天然集中分布区、有特殊意义的自然遗迹等保护对象所在地、陆地水体或者海域依法划出一定面积予以特殊保护和管理的区域。"我国将自然保护区划分为核心区、缓冲区和实验区。核心区,除《自然保护区条例》第二十七条的规定经批准外,禁止任何单位和个人进入;缓冲区,只准进入从事科学研究观测活动;实验区,可以进入从事科学试验、教学实习、参观考察、旅游以及驯化、繁殖珍稀濒危野生动植物等活动。为了保护藏羚羊和其他青藏高原特有的珍稀动物,国家于1983年成立阿尔金山国家级自然保护区,1992年成立羌塘自然保护区,1995年成立可可西里省级自然保护区,1997年底上升为国家级自然保护区。

国家公园在资源性质和主要功能上有别于自然保护区:一是自然保护区整体强调严格保护,而国家公园强调保护与利用兼顾,小面积利用,大面积保护。国家公园不可简单地理解为无人区或荒野,也不能由严格的自然保护区简单转换,更不能从自然保护地变形为城市公园、郊野公园、游乐园或旅游度假区。二是自然保护区是发挥生态系统服务功能和保护生物多样性的平台,其景观价值不一定高;而国家公园必须具有国家级的景观价值,也可能伴随着较多的生态服务功能。

4. 我国国土空间用途管理存在的问题

从整体上看,我国国土空间用途管理制度自实施以来取得了一定的积极成效,但也存在一些问题。

(1)违法用地现象屡禁不止。2015 年 1—8 月,各级国土资源管理部门共立案查处违法用地案件 3.99 万件,涉及土地面积 30.73 万亩,其中耕地 9.97 万亩,依法拆除建筑物 661.33 万平方米,没收建筑物 1221.41万平方米,罚没款 8.24 亿元。全国共有 1094 名责任人受到党纪政纪处分,39 人被追究刑事责任,同时公布了 5 起挂牌督办的违规案件。

(2)工业用地价格下跌,商住用地价格上涨。各地为了招商引资,争相出台优惠政策,工业用地价格不断下跌。各地政府是唯一的土地供应方,在土地供给和地方财政纠缠在一起的情况下,为了增加政府收入,甚至可能选择实施"饥饿供地"政策,不断抬高商住用地价格,致使房价不断上涨。高房价难以吸引农村人口,阻碍了我国城镇化进程;也难以吸引人才,降低了科技创新动力。

(3)管理成本增大,寻租机会增多。《土地管理法》对建设用地审批程序作了详细的规定,这是必要的。但审批环节过多,程序过于复杂,一个项目审批下来要盖很多章,少则几个月多则一年,管理成本大大增加。而且资源开发利用与监管同属一个部门,缺乏权力制衡,使寻租机会增多,保护职能淡化。

(4)根据相关法律,土地和乡村规划的组织部门均为各级政府,这就使得各级规划在标准、方法、用地类型、规划内容等方面存在差异,规划结果便有了矛盾,而相关规划之间的协调机制又未完全建立,使得规划存在"越位"、"错位"和"缺位"情况。

(5)土地规划缺乏民主参与。公众参与是西方现代规划的一条基本原则。西方国家土地规划要经法定程序,政府部门不仅要向专家和协会征求意见,还要举行公众参加的听证会。而我国由于对公众参与规划的方式、程序等基础理论研究还不成熟,目前公众参与还处于探索期,公众参与规划的程度比较低。

5. 关于国土空间用途管理制度改革的建议

环境保护部环境与经济政策研究中心编著的《生态文明制度建设概论》,对国土空间用途管理制度改革提出建议:(1)在土地调查及确权登记发证的基础上,建立和完善覆盖全部国土空间的监测系统,完成权威、统一的公众民主参与的土地利用规划,并强化空间用途执法监察。(2)构建我国完善的空间规划体系,横向上理顺空间规划关系,纵向上厘清空间规划层级,操作上建立科学的空间分区标准,规划协同上将优化"三生"空间(即生产、生活和生态空间)、尊重主体权益作为共同责任。(3)加强法制建设,明确空间规划的法律地位;健全管理体制,强化对国土空间开发行为的统筹协调;理顺层级关系,明确各类空间规划的地位作用;创新实施机制,保障规划任务目标的实现;鼓励公众参与,夯实科技支撑基础。

此外,我们还建议:

(1)在一块地有几种用途难以割舍的时候,可借用经济学机会成本的概念帮助我们选择,以实现社会福利的最大化。例如某块地有三种用途,分别为用途1、用途2、用途3,有三种自然状态,分别为状态1、状态2、状态3。首先,分别预测出三种用途在不同自然状态下的社会收益,列出表4-2:

表4-2 某块地不同用途不同状态下的社会收益　　单位:万元

	状态1	状态2	状态3
用途1	300	200	−100
用途2	200	250	80
用途3	100	110	70

其次,算出每种用途在不同状态下的机会成本(用该状态的最大收益减去该用途在该状态的收益),列出表4-3:

表4-3　某块地不同用途不同状态下的机会成本　　单位:万元

	状态1	状态2	状态3
用途1	0	50	180
用途2	100	0	0
用途3	200	140	10

再次,找出每种用途在不同状态下的最大机会成本。用途1的最大机会成本为180,用途2的最大机会成本为100,用途3的最大机会成本为200。

最后,找出所有最大机会成本中最小的一个,它的用途就是最佳用途。该案例中用途2的机会成本最小,是100,小于用途1的机会成本180和用途3的机会成本200,所以用途2是最佳用途。这种选择方法和管理学里最大后悔值最小化的方法是一样的,后悔值=该状态的最大收益-该方案在该状态的收益。可见,后悔值其实就是机会成本。

(2)借用市场的力量进行国土空间用途管理,降低增值税,节省行政资源,提高工作效率。如图4-7所示,横轴OQ表示土地与城市中心的距离,纵轴OP表示土地价格,曲线G、H、F分别表示工业、商业和住宅三种用途的土地需求曲线。它们离市中心的距离不同,价格不同,需求弹性也不同。工业用地应该离市中心远一些,价格便宜,需求曲线G比较倾斜;商业用地离市中心近一些,价格贵,需求曲线H比较陡直;住宅用地的价格和距离在两者之间,需求曲线F的倾斜度也在两者之间。假定离市中心OA的距离有一个工厂,土地价格是OP_1,土地收益是$OABP_1$。在没有增值税的情况下,如果这块地改建住宅,收益可增加 P_1BCP_2;改建大型超市,收益可增加 P_1BDP_3。于是这个工厂就会把地卖掉,搬到离市中心远一些的地方,卖地的收益扣除搬迁费用以后还有结余,可以用来做发展基金。这样,土地就得到了有效的利用。如果有了增值税,并且这个税收还不低,工厂卖地增加的收益大部分都交了增值税,搬迁费都不够,它就不会搬迁。这叫"冷冻效应"。这样,土地资源就得不到有效的利用。

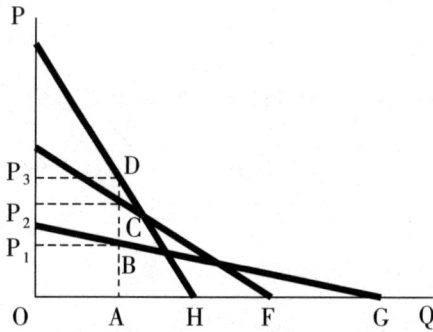

图 4-7 土地资源的有效利用

二、生态补偿制度和生态环境损害赔偿制度

1. 生态补偿制度

生态补偿制度是指对个人或组织在森林营造培育、自然保护区和水源区保护、流域上游水土保持、水源涵养、荒漠化治理等环境修复与还原活动中,对生态环境系统造成的符合人类需要的有利影响,由国家或其他受益的组织和个人进行价值补偿的制度。

我国退耕还林(草)工程就是一种生态补偿。这项工程始于 1999 年,主要通过中央财政转移支付的方式实施,是迄今为止我国政策性最强、投资量最大、涉及面最广、群众参与程度最高的一项生态建设工程。

初期实行长江流域和黄河流域区分的补偿制度,向退耕户提供粮食和现金补助。2004 年统一改为现金补助,中央根据各省区市规模,划拨补助金到省区市,由省区市发放给退耕农户。长江流域及南方地区每亩补助760 元,黄河流域及北方地区每亩补助 550 元。后来对补助标准进行了调整。有调查报告显示,退耕还林(草)工程取得良好效果,退耕户生活质量与退耕地效益均呈现出良好的态势。但这项工程也存在一些问题,如退耕还林江河下游的省区市是直接受益者,但它们却未分摊补偿投入,没有体现"谁受益、谁支付"的原则。

退耕还林工程属于纵向的生态补偿,新安江流域水环境补偿则属于横向的生态补偿。新安江上游属安徽省,新安江流入千岛湖,而千岛湖属于浙江省。根据协商,中央财政每年拿出 3 亿元,安徽和浙江各拿出 1 亿元,设立环境补偿基金。中央财政的补偿资金全部拨付给安徽省,只要两省交界水面的水质监测站测定的水质达标,浙江省每年补偿安徽省 1 亿元。补偿资金专项用于新安江流域水环境保护。新安江流域生态补偿取得初步成效,千岛湖湖水清澈,景色怡人。但也存在一些问题,主要是补偿标准偏低,新安江干支流累计退养网箱 6188 只,涉及渔民 3 万多人,一些人年纪偏大,不适宜外出打工,减少了收入来源。

2. 生态环境损害赔偿制度

生态补偿是对正的外部性的补偿,生态环境损害赔偿则是对负的外部性的罚金。所谓生态环境损害,指的是由于污染环境或破坏生态行为直接或间接地导致生态环境的物理、化学或生物特性的可观察的或可测量的不利改变,以及提供生态系统服务能力的破坏或损伤。《生态环境损害赔偿制度改革试点方案》是我国生态环境损害赔偿制度的标志性文件。

2011年6—9月,位于渤海海域的蓬莱19—3油田发生重大溢油事故,总溢油量达7070吨,污染海面6200平方公里,给渤海海域生态环境造成巨大损害。2012年,国家海洋局与中国海油、康菲公司经协商达成一致意见,康菲公司出资10.9亿元赔偿本次事故给海洋生态造成的损失;中海油和康菲公司分别出资4.8亿元和1.13亿元,承担保护渤海环境的社会责任。这是一次生态环境损失赔偿的成功先例,为今后开展类似工作提供了法律、技术和实践上的经验和借鉴。

3. 关于是补偿还是赔偿的思考

说到这里,有人可能会产生一个疑问:农民将树林或草场毁了种庄稼,安徽将污染了的新安江排放到浙江的千岛湖,这都是对生态环境的损害,理应赔偿,为什么却得到补偿了呢? 这让我们不禁想起了科斯讲过的一个故事:一个养牛人和一个种田人是邻居,养牛人的牛吃了种田人的麦子该怎么办? 分两种情况:一种情况是养牛人没有权利让牛吃种田人的麦子,这时候养牛人该赔偿种田人的损失;一种情况是养牛人有权利让牛吃种田人的麦子,这时候种田人应该给养牛人补偿,让他去修篱笆,以约束牛的行为。可见,是补偿还是赔偿,要看谁拥有产权。农民拥有土地的产权,安徽省拥有新安江上游的产权,所以他们就可以获得补偿;康菲公司没有拥有渤海海域的产权,所以就必须要赔偿。这里我们体会到产权的重要性,它是补偿还是赔偿的分界线。根据科斯定理,不论原始产权是否合理,只要产权是清晰的,而且交易成本很小,当事人就可以通过谈判达成协议,实现资源配置的帕累托最优。现在很多人对当年的企业改制耿耿于怀,但不管怎样,企业改制使企业的产权清晰了,该破产的破产,该发展的发展,总比窝在一起吃大锅饭强。

三、污染物排放总量控制制度和排放许可证制度

1. 污染物排放总量控制制度

污染物排放总量控制制度是指环境保护部门将受污染的地区按照一定的标准划分为若干个区域，根据每个区域的污染特点及环境功能要求，制定相应的污染物总量控制标准，以满足该区域在一定时间段内的环境质量要求的一系列环境法律规范的总称。污染物排放总量控制制度主要包括总量核定、总量分配、总量控制计划的执行、监督与考核，以及相应的激励—约束机制等内容。这项制度是实现排污许可证制度和排污权交易制度的重要基础，它有利于环境质量达标、分区管控目标的实现，是环境管理法制化的重要抓手，是实现环境与经济协调发展的重要保障。

水污染物总量控制制度在我国已有 20 年的发展历史。"十五"期间，污染物排放总量控制的污染物种类大量缩减，主要对 COD 和氨氮进行总量控制，但是，COD 仅减少了 2.09%，没有完成削减 10% 的控制目标。"十一五"进一步缩减为 COD 一个总量控制目标，但依然未能完成。"十二五"总量控制的水污染物种类恢复为 COD 和氨氮两项约束性指标。截至 2014 年底，COD 已完成既定目标。

2. 污染物排放许可证制度

污染物排放许可证制度，是依法对各企事业单位排污行为作出具体要求并以书面形式确定下来，作为排污单位守法、执法单位执法、社会监督护法依据的一种环境管理制度。2014 年 4 月 24 日发布的《环境保护法》规定："国家依照法律规定实行排污许可证管理制度。实行排污许可管理的企业事业单位和其他生产经营者应当按排污许可证的要求排放污

染物,未取得排污许可证的,不得排放污染物。"排污许可证制度的核心是排污者必须持证排污、按证排污,拒不执行的除依法处罚外,情节严重的还要移送公安机关。

我国推行排污许可证制度已经30多年了,许多地方进行了积极的探索和努力,在企业排污防治方面发挥了一定的作用,但总体来说政策尚不完善,成绩不够突出。应该实施可转让的许可证制度,把市场机制引进来。

四、自然资源资产离任审计制度和责任终身追究制度

领导干部在任时,有关部门的监管难度相对较大。到了离任的时候要做工作交接,这时环保部门、监察部门和审计部门对他以往的工作通常要进行自然资源资产审计。

1. 自然资源资产离任审计制度

自然资源资产离任审计,就是按照国家相关法律法规的要求,对领导干部任职期间内对自然资源资产的开发、利用、保护等受托管理行为的真实性、合法性进行审计,从而客观反映领导干部对自然资源资产受托管理责任的履行情况。开展自然资源资产离任审计,可以有效增强领导干部环境责任意识,使领导干部在对自然资源进行开发利用时,更加注重经济、社会、生态三种效益的协调统一。2015年7月,中共中央办公厅、国务院办公厅印发了《开展领导干部自然资源资产离任审计试点方案》,标志着此项工作正式拉开了帷幕。

自然资源资产离任审计主要有两种模式:一种模式是先编制自然资源资产负债表,再进行审计;另一种模式认为编制资产负债表的时机尚不成熟,应根据表4-4的审计指标体系进行审计。

表4-4 自然资源资产审计指标体系

指标类型	指标	指标说明
主指标	水质状况	分水系计算水质状况、化学需氧量、氨氮浓度
	空气状况	主要计算地区一年中2级以上天数 PM2.5浓度
	农地保有量	主要计算耕地、林地与草原某一时点上的面积
副指标	水资源总量	包括地表及地下水资源总量
	森林覆盖率	森林覆盖率＝森林面积÷本地面积
	草原退化开发面积	主要计算因退化和工业开发所占用的面积
	耕地开发占用面积	主要计算工业开发所占用的面积
	海洋水质达标率	达标率＝达标水质面积÷本地海洋总面积
	资源环境事故次数	主要计算任期内重要资源环境事故次数
	矿产可持续开发率	开发率＝矿产开发规划数量÷实际数量
	资源环境满意度	满意度＝环境满意数量÷矿产资源实际数量
	资源环境纠纷次数	资源环境纠纷及上访次数

2. 自然资源资产负债表

"探索编制自然资源资产负债表,对领导干部实行自然资源资产离任审计。建立生态环境损害终身追究制"是党的十八届三中全会作出的重大决定,也是国家健全自然资源资产管理制度的重要内容。编制自然资源资产负债表,有助于摸清"家底",引导地区资源环境保护和社会经济的发展,有助于科学评价领导干部任职期间对生态环境的贡献,有助于促进市场在资源配置中起决定性作用。

自然资源资产负债表的基本形式如表4-5所示。

表 4-5　自然资源资产负债表(价值表)示例

单位:货币单位

		自然资源资产	自然资源所有者权益与负债		备注
		资产	所有者权益	负债	
自然资源 1	期初存量				
	当期流量				
	期末存量				
自然资源 2	期初存量				
	当期流量				
	期末存量				
自然资源 3	期初存量				
	当期流量				
	期末存量				
…	…	…	…	…	…
合计					

在 2014 年 2 月的未来新经济峰会上,我国首个地级市(三亚市)自然资产负债表的研究成果得以发布。三亚自然资源价值约为 2000 多亿元,为该市 2014 年 GDP 的 5 倍以上。据香港城市大学公共政策系环境政策专业副主任施涵教授介绍,自然资源资产负债表把三亚可投资的自然资源项目分为三类:第一类是经济增长、自然资本负增长项目,如一些破坏自然环境的房地产项目;第二类是经济与自然资本协同增长项目,如三亚的南山景区项目;第三类是自然资本增长较大,但经济增长小,如饮用水保护项目等。三亚市副市长在发言中表示,通过全方位调研论证而编制的三亚市自然资源资产负债表,本身就是对三亚自然环境作了一次深刻全面的体检,对防范城市发展可能出现的风险、挖掘城市可持续发展

的潜能等方面具有积极意义。

3. 领导干部生态环境损害责任追究制度

2015 年 7 月 1 日,习近平总书记主持召开中央全面深化改革领导小组第十四次会议,审议通过了《党政领导干部生态环境损害责任追究办法(试行)》等方案,首次对领导干部生态环境损害责任追究作出制度性安排。追责原则包括党政同责、终身追究、协同追责等。该办法规定,对情节较轻的给予诫勉、责成公开道歉;情节较重、严重的给予组织处理、党纪政纪处分;涉嫌犯罪的,移送司法机关依法处理。建立领导干部生态环境损害责任追究制度很有必要。有的领导干部片面追求经济增长,损坏了生态环境,却调到了别的地区,或升职、或退休了。一旦损坏的生态环境经过了发酵期暴露了,不论到了哪里都要追究责任。这不仅对他本人是个教训,对其他领导干部也是个警示。

第五章　绿色发展中的国民收入

绿色发展与国民收入有密切的关系,而国民收入流量在不断的循环之中。习近平总书记说,我们要"逐步形成以国内大循环为主体、国内国际双循环相互促进的新发展格局"。这一章我们就讨论一下绿色发展在这个双循环中的地位问题。

第一节　绿色发展与国民收入的循环

一、绿色发展与国内循环

1. 环境支出对两部门经济的影响

理论都是从简单到复杂的,我们先假设一个两部门经济,就是只有居民户和厂商的经济。在这个经济中,居民户向厂商提供生产要素(包括劳动、资本、土地和企业家才能);厂商生产出产品和劳务,用销售收入支付生产要素的报酬(包括工资、利息、地租和正常利润)。居民户将收入一分为二,一部分作为消费,购买厂商的产品和劳务,又回到厂商那里;另一部分作为储蓄,本来是一种漏出,但通过银行转化为贷款又成为注入,也回到厂商那里。厂商有了钱又可以生产了。国民收入就是这样循环的。以上假设是企业没有对环境造成不良影响。如果企业对环境造成了不良影响,情况就有所不同,居民户除了消费和储蓄外,还不得不拿出一部分收入去应付不良环境,如戴口罩、买纯净水、寻医问药、购买治污设备或者搬家。我国一线城市就因为土地价格太高,房屋价格太贵,流失了不少企业和人才。这叫作环境支出,也是一种漏出,如图5-1所示。但在两部门经济的条件下环境支出无法转化为注入。这样,企业无法得到全额的注入,生产规模必然会下降,国民收入的循环必然会收缩。

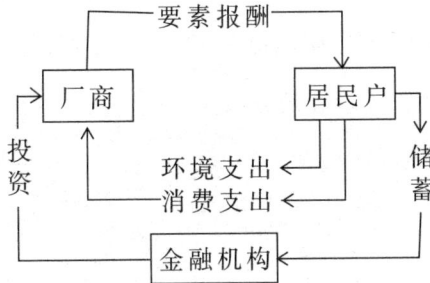

图5-1 两部门经济的国民收入

设国民收入为 y,消费为 c,a 为自发消费,即 y 为 0 时的消费;b 为边际消费倾向,即收入每增加一单位相应的消费增加量。则有 c=a+by。设投资为 i,则有 y=c+i。解联立方程得两部门经济的均衡国民收入为:

$$y = \frac{a + i}{1 - b}$$

可见,两部门经济中均衡的国民收入取决于投资 i、自发消费 a 和边际消费倾向 b。如果企业没有对环境造成不良影响,居民户只有消费和储蓄两项支出,边际消费倾向 b 会大一些,国民收入 y 相应也会多一些;

如果企业对环境造成了不良影响,居民户除了消费和储蓄两项支出以外,还有环境支出,边际消费倾向 b 会减小,国民收入 y 也会相应减少。

2. 环境支出对三部门经济的影响

很多问题光靠居民户和厂商解决不了,于是它们选出政府帮助它们。三部门经济就是在两部门经济的基础上再加上政府。在没有环境污染的情况下,厂商和居民户向政府上税,政府向居民户转移支付,向厂商购买产品和劳务,国民收入实现了循环。这时的注入有投资和政府支出,漏出有储蓄和税收。在有了环境污染的情况下,由于居民户有了环境支出,这部分漏出必须由政府和居民户通过自然资本的投资,注入给厂商。当注入=漏出时,厂商才能维持正常生产,国民收入才能实现循环。由于是国民收入在国内的循环,所以叫内循环,如图 5-2 所示。居民户原来已经对厂商有投资了,再加上现在的自然资本投资,所以叫双重投资。

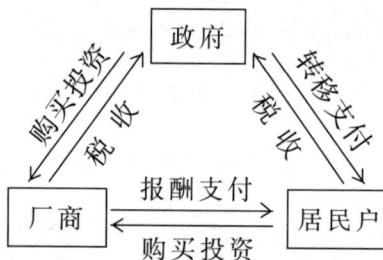

图 5-2 三部门经济的国民收入循环

设政府税收为 t,转移支付为 t_r,政府购买和投资为 g,个人可支配收入为 y_d,则:

$$y_d = y - t + t_r$$

$$c = a + by_d = a + b(y - t + t_r)$$

$$y = c + i + g = a + b(y - t + t_r) + i + g$$

用代入法,可求得均衡的国民收入为:

$$y = \frac{a - bt + bt_r + i + g}{1 - b}$$

可见,三部门经济中决定国民收入的因素除了边际消费倾向 b、自发消费 a、投资 i 以外,还增加了政府税收 t、转移支付 t_r 和政府购买 g。如果企业对环境造成不良影响,为补偿环境支出,居民户增加自然资本的投资,使投资 i 增加;政府增加绿色产品和劳务的购入,使政府购买和投资 g 增加;政府再采取措施改善环境,使居民户的环境支出减少,消费倾向 b 增加。那么,注入会等于漏出,国民收入会继续循环下去。

3. 环境支出对四部门经济的影响

如果在三部门经济的基础上再加上国外部门,就是四部门经济,也称开放经济。在四部门经济中,注入为投资、政府支出和出口,漏出为储蓄、税收和出口。当投资+政府支出+出口=储蓄+税收+出口时,国民经济实现了均衡。国民收入流量循环模型如图 5-3 所示。这个循环既有内循环,又有外循环,即国民收入在国外的循环。

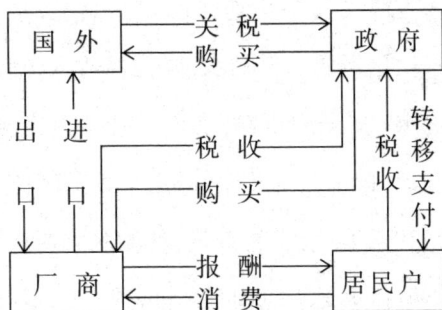

图 5-3 四部门经济的国民收入循环

在四部门经济中均衡收入变为 y=c+i+g+nx,式中 nx 指净出口,为出口 x 与进口 m 之差额。设 m_0 为自发性进口,即和收入没关系的进口;γ

为边际进口倾向,即收入增加 1 单位时增加的进口。这时,均衡的国民收入为:

$$y = \frac{1}{1 - b + \gamma}(a + i + g - bt + bt_r + x - m_0)$$

从上式可知,影响开放经济国民收入的因素除了三部门的因素以外,又增加了出口 x、自发进口 m_0 和边际进口倾向 γ。出口 x 越多,国民收入 y 越多;自发进口 m_0 越多,国民收入 y 越少;边际进口倾向 γ 越大,国民收入越少。如果自发进口 m_0 中增加了国外污染物,不仅造成了国内环境的污染,也增加了自发进口和边际进口倾向,使国民收入减少。

二、影响绿色发展的主要因素

1. 国民收入的注入与漏出

以前有一个相声,说上初中的儿子回来问父亲一道数学题:有一个水池既有进水口又有出水口,打开进水口多长时间可把池子灌满,打开出水口多长时间可把水放完。问:同时打开进水口和出水口会怎样? 父亲回答不出来,急了:"谁吃饱了撑的出这样的题?"其实,每个国家都有一个大水池,不过这个水池里不是一般的水,叫国民收入流量;也不是一般的进水口和出水口,进水口是投资、政府支出和出口,它们被统称为注入;出水口是储蓄、税收和进口,它们被统称为漏出。如图 5-4 所示。

国民收入流量的"水池"有个管理员,他的名字叫政府。过去政府的任务只有一个:既不能让水干了(这叫经济低迷),也不能让水溢出来(这叫通货膨胀),而是要维持国民收入有个稳定的增长。这个任务叫作"发展任务"。完成发展任务要靠政府的宏观调控。经济低迷时政府增加注入、减少漏出;通货膨胀时政府减少注入、增加漏出。现在情况不同了,资

```
投 资  ──────▶         ──────▶  储 蓄

政府支出  ──────▶        ──────▶  税 收

出 口  ──────▶          ──────▶  进 口
```

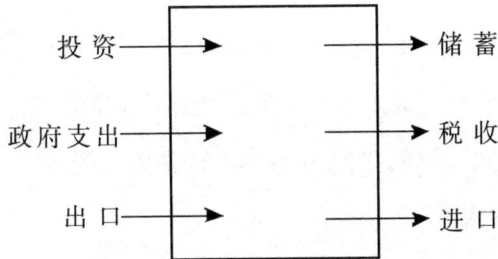

图 5-4　国民收入流量的"水池"

源浪费和环境污染问题很严重,水库里的水变混浊了。于是政府又增加了一个指标:控制好进水口,不能让被污染和浪费的水进来。这个指标叫"绿色指标"。绿色指标和发展指标是紧密联系在一起的,因为完成这两项指标都要依靠投资、政府支出和出口这三项注入,所以它们可以统称为绿色发展指标。政府完成绿色发展指标有个优势,就是政府支出掌握在政府手里。但也有个劣势,就是投资没有在政府手里,而是在居民户和厂商手里。经济学意义上的投资指的是私人投资,政府投资包含在政府支出里。私人投资会出现一些"理性合成谬误",即作为个体来说是理性的,但作为集体来说常会犯一些错误。

"理性合成谬误"会给政府完成发展指标造成障碍。比如在经济衰退的时候,也就是"水池"里水少了,本来应该增加注入减少漏出,但因为私人投资对未来不乐观,反而会增加储蓄减少投资。大家都这样做的结果,注入减少了而漏出增加了,更加剧了经济衰退。又比如在通货膨胀的时候,也就是"水池"里的水快满了,本来应该减少注入增加漏出,但因为私人投资对经济前景看好,投资者会积极投资,消费者也会减少储蓄大把花钱,于是注入反而增加了,漏出反而减少了,这就使得"水库"面临崩溃的危险。在这种情况下,政府只好"逆风向而动"了,就是在经济衰退时,居民户和厂商增加储蓄减少投资,政府就要反其道而行之,减少税收增加政府支出;在通货膨胀时,居民户和厂商减少储蓄增加投资,政府也要反其道而行之,增加税收减少政府支出。政府不仅要直接控制进水口和出水口来调节流量,还要间接使用一些其他手段,才能使"水池"里的国民收入流量达到均衡。

"理性合成谬误"也会给政府完成绿色指标制造麻烦。居民户为了效用最大化会随意消费,饭捡好吃的吃,垃圾想扔就扔。这对于他个人是理性的,但大家都这样就会形成"羊群效应"和"破窗效应",造成资源的浪费和环境的污染。厂商为了利润最大化会随意生产,煤捡好挖的挖,废料想倒就倒。这对厂商个体来说是理性的,但大家都这样也会形成"羊群效应"和"破窗效应",造成资源的浪费和环境的污染。随意消费和随意生产都会造成"理性合成谬误",使国民收入流量这池水变得混浊不堪。"问渠哪得清如许,为有源头活水来"。政府为了完成绿色指标,需要多管齐下,既要管住进水口的注入,又要管住出水口的漏出。但主要还是要从投资、政府支出和出口这三项注入入手,才能抓住龙头,牵住牛鼻子,圆满地完成绿色发展的各项指标,实现国民收入稳定而洁净的增长。

2. 投资、政府支出与出口乘数

我们之所以认为投资、政府支出和出口是影响绿色发展的主要因素,除了因为它们都是注入以外,还因为它们的增加会引起国民收入成倍的增加。这是因为国民经济各部门是紧密联系在一起的,绿色部门和其他部门联系得尤其紧密。绿色部门的一笔投资、政府支出或出口,必然会在国民经济的各个部门引起连锁反应,最终使国民收入成倍增加。我们假设这是一个两部门经济,绿色部门增加了 100 亿元的投资(或政府支出、出口),这 100 亿元注入会用于购买绿色发展的生产要素,成为二级部门的收入。假设二级部门的边际消费倾向为 0.8,它又有 100×0.8＝80 亿元用于消费,成为三级部门的收入……就这样增加的 100 亿元投资会在全社会引起连锁反应:

$$
\begin{array}{ll}
1 \quad \times 100\ 亿元 & 100\ 亿元 \\
0.8 \quad \times 100\ 亿元 & 80\ 亿元 \\
0.8^2 \quad \times 100\ 亿元 & 64\ 亿元 \\
+ \quad \cdots\cdots & \cdots\cdots \\
=1/(1-0.8)\times 100\ 亿元 & 500\ 亿元
\end{array}
$$

最后,国民收入就成了 500 亿元,这是原来绿色投资 100 亿元的 5 倍。国民收入变化与带来这种变化的投资(或政府支出、出口)的变化的比率,就是投资(或政府支出、出口)乘数。如果以 $\triangle y$ 表示增加的收入,$\triangle L$ 表示增加的投资(或政府支出、出口),k 表示投资或政府支出、出口乘数,则:

$k = \triangle y / \triangle L$,或 $k = dy/dL$

可见,投资(或政府支出、出口)乘数就是前文讲过的绿色乘数。它的具体数值可以通过对国民收入函数求偏导得到。

第二节　绿色发展中的投资

一、一般资本投资和自然资本投资

1. 一般资本投资的决定

投资者的目的是为了赚钱,所以一年下来他首先要搞清楚赚没赚钱。

赚没赚钱离不开成本,而经济学中的成本与会计学中的成本是有区别的。会计学中的成本指的是显成本,它是厂商在要素市场上购买或租用他人所拥有的生产要素的实际支出。经济学中的成本除了显成本以外还有隐成本,隐成本是厂商自己所拥有的且被用于自己企业生产过程的生产要素的总价格。

假设有个店主,每年花费4万元租赁商店设备,年终该店主从销售中所获毛利(即商品销售收入减去商品原进价后的余额)为5万元。问:该店主赚了多少钱? 从显成本的角度看,该店主赚了5万-4万=1万元,但从隐成本的角度看,该店主不仅没赚钱,还赔了钱。为什么呢? 假定市场利率为5%,如果该店主不是把这4万元用于租赁商店设备,而是存入银行,一年可得利息4万×5%=2000元。这2000元就是他把这4万元资金用于投资的机会成本,是一种隐成本。另外,如果该店主从事其他职业能获得的年收入是10万元,则这10万元是他当店主而不去从事其他职业的机会成本,也是一种隐成本。所以,该店主一年的隐成本是10万+2000=10.2万元。而他一年的毛利才5万元,减去显成本4万元,还剩下1万元,远远不够弥补隐成本的,所以他赔了钱。

一般投资要向银行贷款,所以还要考虑银行利率。如果本金为100万元,年利率为5%,则第一年本利和为100(1+5%)=105万元,第二年本利和为100(1+5%)^2=110.25万元,第三年本利和为100(1+5%)^3=115.76万元……根据银行利率和通胀率,企业就可以计算出该投资在使用期内有多少收益。如果收益的现值大于该投资的供给价格,就值得投资;否则就不值得投资。

假定一个预期长期实际利率是5%的厂商正在考虑一个投资项目清

单,每个项目都需花费 100 万元,项目 1 将在两年内回收 120 万元,项目 2 将在三年内回收 125 万元,项目 3 将在四年内回收 130 万元。假设通胀率是 4%,问哪个项目值得投资?

由于每年通胀率为 4%,实际利率为 5%,因此名义利率为 9%,这样三个项目回收值的现值分别为:

$$R_1 = \frac{120}{(1 + 0.09)^2} \approx 101.00, \quad R_2 = \frac{125}{(1 + 0.09)^3} \approx 96.53, \quad R_3 =$$

$$\frac{130}{(1 + 0.09)^4} \approx 92.09。$$

可见这三个项目中只有第一个项目在使用期内收益的现值大于它的供给价格,值得投资,其他项目都不值得投资。

2. 自然资本投资的决定

任何资本的投资都有风险,而自然资本投资的风险更大。有一个故事讲,一个探险者在沙漠上行走,嘴唇干裂,只剩下一壶水。他在断墙后发现一口压力井,高兴极了,跑过去压水,却压不出来。他看到断墙上写着一句话:“只有先倒进一壶水,才能压出水来!”他该怎么办? 这个探险者最后剩下的那壶水是他的储蓄,他可以用于消费,但消费完了仍走不出沙漠怎么办? 他也可以将它倒入压力井,这样有可能压出水来,走出沙漠就不成问题了;但也可能压不出水来,那将面临被渴死的危险。这就是自然资本的投资。投资是用现在的商品去换取未来的商品,而未来具有很大的不确定性,这就是风险。

自然资本的投资不仅是资本流动问题,也是企业组织问题,需要具备一定的条件。一个企业到自己所不熟悉的领域投资,必须具备一定的优势。

（1）对某种技术的垄断，这种技术可以是生产过程中实际运用的具体技术，也可以是以知识、信息、诀窍等形式存在的无形资产；

（2）具有规模经济，表明企业对资源的控制程度以及抵御风险的能力；

（3）企业家才能的"过剩"，这种"过剩"能推动企业不断向外扩张；

（4）新的投资领域税收负担比较轻、基础设施比较全、企业竞争比较弱、政府效率比较高等，即投资环境比较好，有利于企业发展。

前三个优势是投资企业所拥有的，可称之为所有权优势；后一个优势是投资领域应该具备的，可称之为投资环境优势。所有权优势和投资环境优势是自然资本投资的必要条件。但仅有必要条件还不够，还不足以使企业进行自然资本的投资。只是拥有所有权优势和投资环境优势，企业完全可以进行别的投资，而不是非要把钱投向自然资本。企业要进行自然资本的投资，还要有个充分条件，那就是内部化优势。自然资本投资生产的很多都是公共物品，它具有非竞争性和非排他性，谁都可以用，不用白不用，那谁来付钱呢？如果政府付钱，那可以采用 PPP 模式；如果政府不付钱，提供了产品或服务总得有人付钱，没人付钱企业不会白干。就是慈善企业也得有人赞助，否则它也经营不下去。有的大公司为了尽到社会责任，也会搞一些自然资本投资，用别的企业赚的钱去养这个企业。有的企业充分发挥自己的所有权优势，充分利用自然资本的投资环境优势，既给社会提供了绿色产品或服务，自己又赚了钱，所创造的社会价值早已超过自己所获得的价值，那就最好了。总之，企业如果能够解决这个问题，就具有内部化优势。企业拥有所有权优势、投资环境优势和内部化优势，才会去做自然资本的投资。

二、市场提供自然资本投资的条件

有人认为,自然资本投资生产的都是公共物品,市场提供很难内部化,必须由政府提供。我们说,自然资本投资生产的并不都是公共物品,也有很多私人物品,私人提供没有一点问题;既使是公共物品,市场提供的可能性也是存在的。

如图 5-5 所示,假定社会中只有 A、B 两个消费者,横轴 OQ 代表物品数量,纵轴 OP 代表价格,S 代表公共物品的供给曲线,D_A、D_B 分别代表 A、B 对该公共物品的需求曲线。这表明,A 对 OQ_1 的公共物品,愿出的价格是 OP_2,对 OQ_2 的公共物品,愿出的价格是 0;B 对 OQ_1 的公共物品,愿出的价格是 OP_3,对 OQ_2 的公共物品,愿出的价格是 OP_1。由于社会总需求量是两人需求量之和,所以公共物品的数量为 OQ_1 时,社会愿意出的价格 $OP_4 = OP_1 + OP_3$,在图中表现为 E 点;公共物品的数量为 OQ_2 时,社会愿意出的价格 $OP_2 = 0 + OP_1$,在图中表现为 G 点。连接 G、E 两点并延长,就得到社会总需求曲线 D。当供给曲线与总需求曲线相交于 E 点时,社会边际收益等于消费者 A 和 B 愿意支付的价格之和。按帕累托最优原则,社会边际收益等于社会边际成本,公共物品的供给达到了最优水平。可见,公共物品由市场来提供也是有可能达到帕累托最优的,条件就是:

消费者边际收益之和=社会边际收益=社会边际成本

这个条件看起来简单实际上不简单,因为消费者并不能真实表达他的收益,很多人只想"搭便车",只愿享受公共物品而不愿支付相应费用。所以,尽管理论上需求曲线和供给曲线会有一个交点,但因为需求曲线并不能完全代表真实的社会意愿,那么这个交点就无法像私人物品的提供那样满足帕累托效率的要求。这样,有限的资源不见得被利用到了最需

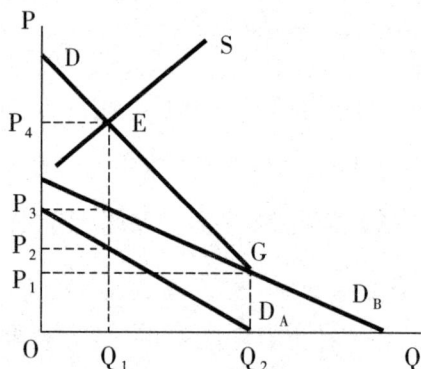

图 5-5　公共物品市场提供

要的地方。这说明,公共物品要由市场提供就必须设计出一种机制,让消费者能够准确地表达对公共物品的支付意愿,并为此支付相应的费用。

三、自然资本投资的意义与建议

1. 自然资本投资的福利效应

对一个企业来说,如果有条件进行自然资本投资还是很有意义的。撇开企业的社会责任不说,就说赚钱,这也是个机会。现在很多企业都放弃了"红海战略"而搞"蓝海战略"。所谓"红海战略",就是在传统领域和别的企业展开竞争;所谓"蓝海战略",就是到一个新的领域去,海阔凭鱼跃,天高任鸟飞。自然资本领域就是这样一个新领域。何况,地方政府为了优化环境和资源配置,态度都很积极,条件都很优惠,给自然资本投资企业留下了很大的赢利空间。

对于地方政府来说,鼓励企业进行自然资本的投资,不仅能使本地区的生态环境和资源配置得到改善,还能给本地区带来别的好处。假设经济体系是完全竞争的,实现了长期的充分就业;规模报酬不变,且无外部性经济;不涉及税收。在这些条件下我们来分析自然资本投资的福利效应。

如图 5-6 所示,横轴 OK 表示该地区资本存量,纵轴 OMP_X 表示资本的收益率,曲线 II 是边际产品曲线,它表示资本存量与资本收益率的对应关系。由于边际收益递减规律的作用,所以 II 向右下方倾斜。在劳动供给一定且无自然资本投资的情况下,如果投资为 OM,那么资本的收益率为 OA,投资总收益为四边形 OMEA,工资额为 △AEI。现在有了 MN 的自然资本投资,于是收益率由 OA 降为 OB,自然资本投资的收益为四边形 MNFG,其他资本收益降为四边形 OMGB。尽管如此,由于自然资本投资带动了就业,工资额增加了四边形 BFEA。这中间虽然有四边形 BGEA 部分是其他投资者收益向工资再分配,但该地区作为整体还是增加了 △GFE 的净福利。

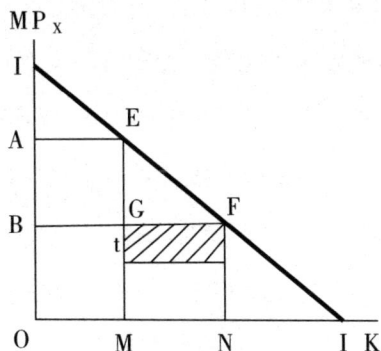

图 5-6　自然资本投资的福利效应

以上我们还没考虑税收这一块,也就是说即使给自然资本投资免税,对本地也是有好处的,这还不算自然资本投资带来正的外部性,如环境的改善、资源配置的优化等。如果只是减税,假设税率为 t,那么自然资本投资者所获收益从四边形 MNFG 降为 (1-t)MNFG,该地区就会因税收而获得阴影面积所表示的净收益。但如果自然资本投资者获益过少,他就会不会来投资,已投资的也会撤资,本地区不仅什么都拿不到,还会面临环境不断恶化、资源不断浪费的困境。

以上模型是建立在严格假定基础上的,有其局限性。现在动态地考察自然资本投资对本地可能产生的利益。一般来说,资本是由资本充裕的地区向资本稀缺的地区流动的,所以吸引自然资本投资可以缓解本地资本缺乏的困难,这肯定是件好事。有的投资者借的是本地银行的钱,如果本地银行储蓄很多,这也是好事,总比到外地贷款,为他人做嫁衣裳强。如果本地银行储蓄很少,这也不是坏事,本地银行可以向外地银行拆借,用别人的钱来办自己的事。

现代经济增长理论特别强调技术在经济增长中的决定作用,如果投资企业具有所有权优势,那么吸引自然资本投资对本地技术进步的潜在作用就十分明显。吸引投资还可以同时引进企业家才能,给本地带来技术人才和管理人才。企业家才能是一种重要的生产要素,它的进入可以起到"鲶鱼效应",打破本地经济低水平的均衡,对本地供应商和竞争对手提供良好的示范作用。自然资本投资可以带动商品流动,还可以发掘本地要素禀赋潜力,改善本地贸易结构,提高本地商品的技术含量和附加值,以及市场占有率。不过,这种效应的大小还取决于自然资本投资的目标取向。如果是短期目标,打一枪换一个地方,捞一笔就走,这种效应就很有限,甚至会打乱本地产业布局,扰乱本地商品市场,起到负效用。

2. 自然资本投资的建议

中国要想保持持续的经济增长,需要加快增长方式的转型。一方面要通过技术和制度创新去提高要素效率,另一方面要拓展人民新需求的国民财富外延,从主要关注物质资本的增长转移到更多关注人力资本、自然资本的社会资本的增加,借此开辟新的投资领域,形成四大资本相互促进相互支撑的国民财富新格局。

就现有体制看,投入生态环境的治理和绿色低碳转型,效益是公共的,而成本则是地方政府、企业和个人的,市场主体就不会有持久的积极性真正自觉主动地投入生态环境自治理,向自然资本投资。因此,要将自然资本的收益内部化,建立市场主体投资自然资本的持续激励。

(1)国家通过公共环境和气候政策,建立日益严格的生态环境质量改善和温室气体减排的宏观目标,分解到不同行业的主要企业中去,以排放额度的方式界定环境容量资源产权,并在要素市场上交易,形成自然资本的市场定价,由此创造排放额度产权价格不断上涨的预期。

(2)政府进一步发展公共政策,利用现代信息数据形成对自然资本的评估、测量核算、报告与核查体系,确保自然资本产权的落实并保障产权交易的实施。

(3)在此基础上给自然资本投资以优惠政策,通过PPP模式等多种方式吸引大量社会投资转向生态环境治理,保护和恢复绿水青山,并使其能够保值和增值。

第三节　绿色发展中的政府支出

一、绿色发展中政府支出的类别

绿色发展仅靠私人投资是不够的,还需要政府支出。政府支出也称财政支出或公共支出,是政府为履行其职能而支出的一切费用的总和。

政府支出可以分为"消耗性支出"和"转移性支出"。"消耗性支出"又可分为公共消费支出和公共投资支出,"转移性支出"又可分为社会保障支出和政府财政补贴。政府支出包括的项目如图5-7所示。

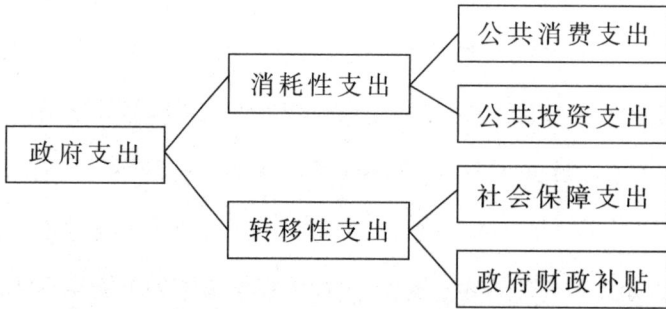

图5-7 政府支出的类别

公共消费支出,是指政府为提供公共服务而进行的支出,其特点是在支出过程中不形成任何生产性资产。最典型的公共消费支出是行政管理费用,国防支出、公共教育支出、公共卫生支出也属于公共消费的范畴。

公共投资支出,是指政府为提供公共产品而进行的支出,其特点是投入会形成产业和资产。公共投资的出发点是为了弥补市场失灵和私人投资的不足,从而促进社会资源的优化配置。通过公共投资,能够为社会经济发展提供必要的基础设施和良好的外部条件。

社会保障是指国家通过立法,积极动员社会各方面资源,保证无收入、低收入以及遭受各种意外灾害的公民能够维持生存,保障劳动者在年老、失业、患病、工伤、生育时的基本生活不受影响。我国的社会保障体系包括社会保险、社会救济、社会福利、社会优抚、社会互助。

政府财政补贴是指政府为实现特定的政治、经济和社会目标,在一定时期内向生产者或消费者提供的种种补助和津贴。它分为价格补贴、企业亏损补贴、财政贴息、居民生活补贴,以及各种税收优惠。

政府支出的各项功能都对绿色发展作出了重要的贡献,但公共投资支出和政府财政补贴的贡献尤为突出。公共投资的主要方向是某些容易形成自然垄断的行业,以及私人部门无力或不愿意提供的项目,例如高科技、基础设施等大型基础性的项目。公共投资主要有三种方式:直接投资、股份式投资和委托式投资。直接投资即政府组建国有企业,由国有企业直接经营;股份式投资即政府参与股份式公司的组建,按股份投资;委托式投资即政府投资,委托私人部门经营。后两种方式就是我们在前面讲过的 PPP 模式。

南水北调工程是我国政府历史上最大的一笔公共投资支出,也是我国绿色发展史上最宏伟的一项民生工程。南水北调工程是从我国南方水资源相对丰富的地区,向我国北方地区,主要是北京、天津、河北、河南四个省份调水,以解决这些地区的水资源短缺问题。南水北调工程分东、中、西三条线路,东线工程起点位于江苏扬州江都水利枢纽,中线工程起点位于汉江中上游的丹江口水库。西线工程尚处于规划阶段,没有开工建设。南水北调工程规划区涉及人口 4.38 亿人,调水规模 448 亿立方米,总长度 4350 公里,总投资近 5000 亿元。2002 年 12 月 27 日,南水北调工程正式开工。2008 年 9 月 28 日,中线京石段应急供水工程建成通水。截至 2020 年 6 月 3 日,中线一期工程已经安全输水 2000 天,累计向北输水 300 亿立方米,已使沿线 6000 万人受益。其中,北京中心城区供水安全系数由 1 提升至 1.2,河北浅层地下水水位由治理前的每年上升0.48 米增加到 0.74 米。南水北调工程由中央财政直接投资,组建中国南水北调集团经营。

政府财政补贴属于公共转移性支出,是政府资金单方面支付给受益者而不带有任何交换性质的财政支出。它增加了个人和厂商的可支配收入,进而增加了个人消费需求和厂商的投资需求;它通过转移支付这个渠道,使国民收入的分配发生了有利于弱势群体的转变,对实现社会公平和平等有重要意义。政府财政补贴中最大的一个项目就是"退耕还林(草)"等生态补偿。

二、政府对自然资本投资的必要性

政府对自然资本产业予以投资是完全必要的,因为它属于幼稚产业。所谓幼稚产业,是指处于成长阶段尚未成熟,但具有潜在优势的产业。幼稚产业论认为,幼稚产业无法和已成熟产业竞争,如果不提供保护,幼稚产业就会夭折,无法实现其潜在的优势。关于什么是幼稚产业,有不同的判断标准。

(1)穆勒标准。根据穆勒标准,当某一产业规模较小,其生产成本高于市场价格的时候,如果任由其参与自由竞争,该产业必然会亏损。这个时候如果政府给予一定的保护,使该产业能够发展壮大。当它实现了规模经济,成本降低了,能够面对自由竞争并取得利润了,政府就可以放弃对它的保护。

(2)巴斯塔布尔标准。根据巴斯塔布尔标准,判断一种产业是否属于幼稚产业,不仅要看将来是否具有竞争优势,还要将这种竞争优势的预期利润的贴现值和保护成本进行比较。如果预期利润的贴现值大于保护成本,该产业就值得作为幼稚产业加以保护;否则就不能作为幼稚产业加以保护。之所以要求的是贴现值,是因为考虑了通货膨胀的因素。

(3)坎普标准。坎普认为,如果一个产业预期利润的贴现值大于保护成本,也不见得就要政府来保护。因为对于厂商和投资者来说,其决定是否投产的标准并不是眼前利益而是未来的预期收益。如果预期利润的贴现值大于保护成本，他们自己就会保护，用不着政府出面。那到底什么产业值得政府保护呢？如果一个产业具有显著的正的积极的外部性，它的存在和发展能够带动别的产业的发展，给社会带来额外的好处，那么既使它的保护成本大于它预期利润的贴现值，也应该由政府出面来对它进行保护。

在衡量幼稚产业的这三个标准中，穆勒标准强调的是将来成本的优势；巴斯塔布尔标准要求将来利润的贴现要大于保护成本；坎普标准跳出了幼稚产业的界限，跳出了内部规模经济的界限，要求被保护对象具有外部经济，并给政府权力画了一个边界：凡是市场能解决的政府就不要干预，市场解决不了的政府再出手。根据坎普标准，自然资本具有显著的正的外部性，它对自然资源的节约、对被污染环境的治理，都具有重要的意义。它还能带动别的产业的发展，给社会带来额外的好处。所以，既使自然资本的投资成本大于它预期利润的贴现值，政府也应该对它进行投资。

生态补偿的理论基础主要有自然资本论、外部性理论和公共物品理论等。自然资本论认为在传统的制造资本、金融资本、人力资本以外还存在自然资本，它是由自然资源、生命系统和生态构成的。世界银行将土地、水、森林、石油、煤炭、金属及其他矿产都界定为自然资本。既然是资本，就应该有利息，生态补偿就是自然资本利息的一部分。外部性理论指出，外部性包括正的外部性和负的外部性，污染是一种负的外部性，生态补偿则是对正的外部性的补偿。正的外部性是指某一经济主体的生产或消费活动对其他经济主体产生了正面效益，却未得到后者的补偿。既然在市场得不到补偿，就由政府来补偿。公共物品是与私人物品不同的物品，它具有非竞争性和非排他性，因此难免会出现"搭便车"现象。生态补偿就是为了平衡相关者的利益,由政府给"开车者"补偿。

三、政府支出对绿色产业的保护

政府通过政府支出对绿色产业实施保护是十分必要的,因为绿色产业具有正的积极的外部性。保护可以是全方位的,也可以是某一个方面的。这里有两个方面,一个是需求侧的保护,另一个是供给侧的保护。

1. 对绿色产业需求侧的保护

政府对绿色产业需求侧的保护,主要体现在通过政府购买,提高绿色产品的价格,使绿色产业有盈利空间。如图 5-8 所示,绿色产品原来的价格为 OP_1,供给量为 OQ_1,需求量为 OQ_2。$OQ_2 > OQ_1$,绿色产品供不应求。经过政府购买,绿色产品的价格上升为 OP_2,供给量增加为 OQ_3,需求量减少为 OQ_4。这样,不仅绿色产品供不应求的局面得到了缓解,还由于生产者剩余增加了 a,使得绿色产业的盈利空间也增加了。

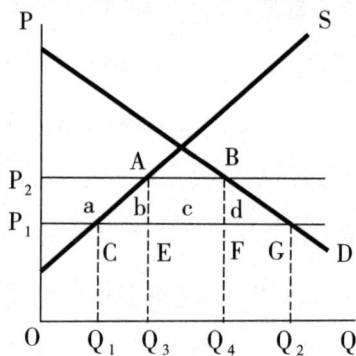

图 5-8　对绿色产业需求侧的保护

2. 对绿色产业供给侧的保护

政府对绿色产业供给侧的保护,主要体现在通过财政补贴,增加绿色企业的利润,使它正的积极的外部性得以发挥。

假设国内市场只有 A 和 B 两个企业,图 5-9 中横轴 OQ_A 表示 A 企业的产量,纵轴 OQ_B 表示 B 企业的产量,AA′和 BB′分别表示 A、B 两企业的反应曲线。反应曲线 AA′的意思是,A 点表示当 A 企业认为对方产量为 OA 时,它就选择退出市场,即 $OQ_A = 0$。为什么要退出? 因为 A 认为当市场需求为 OA 时,市场价格等于边际成本,它再生产就没有利润了。A′点表示当 B 企业不存在时,是 A 企业的最佳选择。这时市场由 A 垄断,OA′就是完全垄断的产量。B 的反应曲线 BB′也一样。两条反应曲线的斜率为负,这是因为如果对方的产量越高,自己面对的剩余需求就越小,所选择的最佳产量也就越小。AA′与 BB′交于 E,表示当 A 的产量为 OQ_A^0、B 的产量为 OQ_B^0 时,市场实现了均衡。

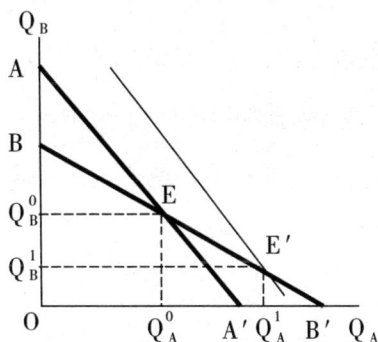

图 5-9　对绿色产业供给侧的保护

现在假设 A 是绿色企业,希望增加其利润所得,增加其正的积极的外部性。如果通过增加产量来达到目的,产量增加了市场价格必然下降,增加的收益就会被价格下降所抵消,利润还是没有增加。但如果 A 转而求助于政府,如果政府给它补贴,情况就会有所不同。A 输出产品的边际成本将低于生产中的边际成本,这时 A 增加产量,虽然价格下降导致边际收益减少,但边际成本也下降了,所以 A 增加产品输出仍可获得更多的利润。B 则会受到损失,不得不减少产量。A 获得财政补贴后,反应曲线 AA′向右移动,与 BB′交于 E′点,于是 A 的产量增加到 OQ_A^1,B 的产量则减少到 OQ_B^1。A 利润的增加是以 B 利润的减少为代价的,因此被称为"利润转移"或"租金抽取"。

财政补贴对地区的福利影响有两方面:一是增加了绿色企业的利润;二是减少了政府的收入。如果该绿色企业具有较大的正的积极的外部性,则政府的补贴利大于弊,还是值得的。

3. 提高绿色产业的有效保护率

财政补贴有两个办法:一是对绿色产业的最终产品进行补贴;二是对绿色产业的中间产品进行补贴。这两个办法的效果是不一样的,这里有个有效保护的问题。有效保护是指生产中新增加价值(即附加值)受保护的情况。所以,政府有效保护的程度以绿色产业生产附加值的提高来衡量。有效保护率就是政府保护措施所引起的绿色产业生产附加值的变动率。如果用 ERP_j 表示 j 行业或产品的有效保护率,V_j 和 V_j^* 分别表示保护前后行业或产品的区内生产附加值,则:

$$ERP_j = \frac{V_j^* - V_j}{V_j} \times 100$$

我们说,对绿色产业的中间产品进行补贴能提高有效保护率。为什么呢? 假设绿色产业的最终产品在国内市场上的价格为 1000 元,该产品在国内生产时每单位产出需要使用 500 元的中间产品,那在没有政府保护的情况下该产品的单位产出附加值为 1000-500=500 元。如果政府对其中间产品提供补贴,使其成本下降 10%,那么该产品的单位产出附加值就为 1000-500(1-10%)=550 元,有效保护率为(550-500)/500×100%=10%。如果对最终产品提供补贴,使其成本下降 10%,那么该产品的单位产出附加值就为 1000(1-10%)-500=400 元,有效保护率为(400-500)/500×100%=-20%。也就是说,对中间产品提供补贴,使有效保护率得到提高,而对最终产品提供补贴,使有效保护率降低成负数。

对于绿色产业来说,为了提高对自身核心生产环节和技术的保护,可以把中间产品的生产和供应外包给平均成本更低的企业。这些企业可以是本地区的,也可以是外地区的,甚至是国外的。这样,自己就可以集中精力做好自己最擅长的部分,增加其附加值,提高其有效保护率。作为政府来说,建设和规范中间产品市场,降低中间产品的交易成本;改营业税为增值税,对中间产品不征税,也能提高对绿色产业的有效保护率。

第四节　绿色发展中的出口

由于受全球新冠肺炎疫情的影响,以及以美国为代表的贸易保护主义的限制,国际贸易环境变差,很多人认为我国出口贸易前景不甚乐观。其实这些困难都是暂时的,国际贸易形势会有好转,出口对我国绿色发展的贡献将会越来越大。绿色发展是改革开放的重要成果,也是改革开放的延续,不能没有出口。

一、我国的贸易发展战略

1. 发展中国家的贸易发展战略

中国是一个发展中国家,走的道路、采用的政策在很多方面都和其他发展中国家有很多共同的地方。战后,发展中国家的贸易发展战略可分为两种:进口替代战略(又称内向型经济)和出口导向战略(又称外向型经济)。

进口替代战略是指通过发展本国的工业,实现用本国生产的产品逐步代替进口,以满足国内需求,以期节约外汇、积累经济发展所需资金的战略。采取进口替代战略的依据来自发展中国家的两位经济学家普雷维什和辛格,他们认为传统的比较优势理论不适合发展中国家,因为处于中心地位的发达国家通过不等价交换剥削了处于边缘地位的发展中国家,使发展中国家难以发展。发展中国家应该摆脱这种不合理的国际分工体系,走独立自主的发展道路。另外,很多发展中国家既有比较先进的资本密集型工业部门,又有传统的落后农业(即所谓的二元经济结构),需要在政府的保护之下,排除来自先进国家的竞争,独占本国市场。进口替代战略的实施给很多发展中国家包括中国带来了一系列问题和困难。首先,实施效果与当初的愿望相反,对国内产业的保护导致企业竞争意识不强,生产成本过高。其次,加重了外汇短缺,20 世纪 70 年代很多国家都出现了严重的债务危机。第三,进口替代战略存在自给自足倾向,而这种把自己封闭起来的战略不利于借助外部的资源和技术发展自身的经济。因此,现在很多发展中国家包括中国都改变了进口替代战略,转向出口导向战略。

出口导向战略是指发展中国家通过推动本国产品出口,积累发展资金,促进经济发展的战略。出口导向战略建立在比较优势理论基础上。比较优势理论认为,无论一国处在何种发展水平上,总有某种比较优势,如廉价劳动力的优势,借助这种优势,发展中国家可以出口劳动密集型产品或原材料,以获取经济发展的资金。以劳动密集型产品出口为主要特征的出口导向战略对发展中国家的经济发展起了很大的作用。首先,从比较利益论看,可获得资源再配置的经济效果,能将本国资源优势充分发挥出来,得到最大限度的利用。其次,出口导向能产生一系列的产业间的关联效应,进而带动整个经济的发展。第三,出口导向也有利于一国经济逐步实现工业化。因为在经济发展初期,发展劳动密集型产业可节约资金,避免在工业化初期就投入大量资金发展重化工业可能带来的资源配置的扭曲。第四,发展劳动密集型产业也有利于创造更多的就业机会,从而提高国民的收入和消费水平,促进消费品和其他产品的生产。总的来讲,实施出口导向战略的国家和地区经济发展都比较快,比如"亚洲四小龙"的表现比较突出。改革开放以来,中国大陆实施出口导向战略,经济发展突飞猛进,现在国民生产总值已经成为世界第二。当然,采取出口导向战略也并不是没有坏处。它过多地依赖国际市场,使得初级产品的贸易条件恶化。发达国家的贸易保护主义,可能会切断发展中国家借助国外市场带动本国经济发展的渠道。

2. 我国对外贸易的发展

改革开放以来,尤其是 2001 年加入世贸组织以后,我国参与经济全球化的步伐加快,进出口贸易额从 2001 年的 5000 多亿美元增加到 2006 年的 1.7 万亿美元。外贸依存度也逐步提高,2005—2006 年就超过 60%,接近 70%。所谓对外贸易依存度,就是进出口总额占 GDP 的比重,从中可以看出一个国家和全球经济联系的紧密程度。我国外贸依存度提高,其原因主要有两个:第一,中国的出口导向战略导致我国的外贸增长速度明显高于 GDP 的增长速度。近二三十年来,我国一直利用税收等手段鼓励进口先进设备和技术,同时为拉动经济又竭力用出口补贴和贴息等手段鼓励出口。正是在进口和出口的双重鼓励下,我国进出口快速上升,到

2014 年外贸规模已稳居世界前列。第二,经济全球化也为我国对外贸易的发展提供了良好的机遇。

应当承认,这些年我国对外贸易的发展为中国经济的快速发展作出了很大的贡献,尤其是在中国消费需求不足而劳动力资源丰富、生产的大量劳动密集型产品在国内无法消化的情况下,大量出口换来了大量外汇,进口又提高了我国设备的科学技术水平。因此,对外贸易一直是推动我国经济快速发展的一驾重要的马车。但是,我国外贸的发展也存在一些隐患。第一,我国出口的大多是资源和劳动密集型产品,资本和技术密集型产品较少,因此国际竞争力不强。随着我国人口红利逐渐消失,劳动成本不断提高,低成本出口的优势将逐渐丧失。第二,我国外贸的快速发展引发了不少贸易摩擦,一些发达国家以各种名义对我国实行新的贸易保护主义政策,包括汇率、知识产权、技术贸易壁垒、不承认我国的市场经济地位等,对中国出口加以限制。第三,受新冠肺炎疫情的影响,世界经济不景气,我国最大的几个贸易伙伴国尚未走出低谷,这都会影响我国的进出口贸易。第四,多年以来我国国际收支一直处于双顺差的态势,就是经常项目(即商品进出口)和资本项目(即资本流入流出)都处于收大于支的不平衡状态。持续的双顺差造成对人民币的巨量需求,使得人民币面临过大过快的升值压力。由于以上的一些问题,我国对外贸易依存度近些年有些降低,如果指望外贸还能像以前那样发挥作用,恐怕不现实。

3. 我国的对外贸易政策

第一,在尽可能巩固现有外贸市场份额的基础上,扩大国内市场对经济拉动的作用和影响。我国是一个人口众多的国家,国内市场很大,现在很多人都跑到国外买东西,可见国内市场仍存在供给不足的问题。应通过供给侧改革,生产更多受国内消费者欢迎的产品,通过扩大内需,减少国际经济波动对我国经济增长的负面影响。

第二,放弃以追求进出口数量为目标的思路,将"科技创新、以质取胜"定为整个外贸政策的核心,建立科学的贸易政策实施效果的评价体系,推动我国从贸易大国走向贸易强国,从而提高我国外贸的核心竞争力。

第三,加快加工贸易的转型升级。我国外贸主要依靠加工贸易,而加工贸易问题很多,如企业核心技术自主研发能力不强、产品档次低、缺少高附加值、资源和能源浪费严重等。为此,要大力进行加工贸易的转型升级,加强核心技术的研发,从劳动密集型和资源密集型向资本、技术密集型出口过渡,将粗放型贸易转向效益型贸易。

二、国际贸易保护主义

虽然现在国际贸易保护主义盛行,但它是兔子的尾巴——长不了。主要原因就是国际贸易保护主义对世界经济的发展起了阻碍作用,对实施贸易保护的国家本身也没有什么好处。美国和我们打贸易战,对它自己也不利,所以它很难长久坚持下去。

为了说明这个问题,我们将一个国家所有产品分为两个部门:出口部门 X 和进口替代部门 Y,这样便可用两部门模型来分析国际贸易保护主义针对整个进口替代部门的影响。

如图 5-10 所示,TT 是生产可能性曲线,在自由贸易下,面对国际相对价格 P_w,生产均衡点在 Q 点,消费均衡点在 C 点。实施贸易保护以后,Y 产品在国内市场上的价格上升,国内生产者面对新的相对价格 P_t,P_t 比 P_w 更为平坦,于是生产均衡点由 Q 上移到 Q_t。与贸易保护前相比,进口替代部门 Y 的生产增加,但出口部门 X 的生产减少了。可见,任何进口壁垒都不利于出口部门的生产,即具有反出口倾向。

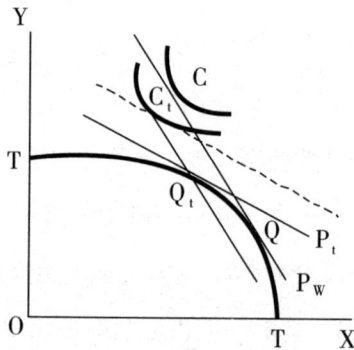

图 5-10　贸易保护效应

假设贸易仍按原来的价格进行,新的消费均衡点应在通过 Q_t 点与 P_w 平行的线上。国内消费者面对的相对价格为 P_t,根据效用最大化条件,通过新的消费均衡点的社会无差异曲线在该点的切线斜率绝对值应等于 P_t。也就是说,通过新的消费均衡点 C_t 的社会无差异曲线的切线与 P_t 是平行的。在 C_t 点同时满足两个条件:国际贸易仍按原价格进行,而国内消费者则按贸易保护后的国内价格来决定其最佳选择。可见,贸易保护后消费水平由原来的 C 点降到 C_t 点,通过 C_t 点的社会无差异曲线位于通过 C 点的社会无差异曲线之下,表明实施贸易保护的国家社会福利水平下降了。

既然如此,为什么很多国家还要搞贸易保护主义呢?这是因为他们都陷入了"囚徒困境"之中,难以自拔。我们用博弈论来说明这个问题,如表 5-1 所示。

表 5-1　贸易保护的支付矩阵

		B 国	
		保护	不保护
A 国	保护	−1,−1	2,−2
	不保护	−2,2	1,1

假设有两个国家 A 和 B,他们对本国企业都有两种选择:保护、不保护。如果 A 保护 B 也保护,A 和 B 的利益都是−1;如果 A 保护 B 不保护,A 的利益是 2,B 的利益是−2;如果 A 不保护 B 保护,A 的利益是−2,B 的利益是 2;如果 A 和 B 都不保护,A 和 B 的利益都是 1。现在我们看纳什均衡是什么。从 A 国的角度看,针对 B 国保护的策略,A 保护的利益是−1,不保护的利益是−2,−1>−2,在−1 下画一道;针对 B 国不保护的策略,A 保护的利益是 2,不保护的利益是 1,2>1,在 2 下画一道。再从 B 国的角度看,针对 A 国保护的策略,B 保护的利益是−1,不保护的利益是−2,−1>−2,在−1 下画一道;针对 A 国不保护的策略,B 保护的利益是 2,不保护的利益是 1,2>1,在 2 下画一道。因为在 A 国和 B 国都保护的框里有两道,所以这就是纳什均衡。可见,各国之所以都搞贸易保护,就是因为它们都陷入"囚徒困境"之中难以自拔。不过,只要给他们时间,让这个博弈重复几次,他们就会明白,贸易保护主义对谁都没有好处。两国都不保护的利益为(1,1),比都保护的利益(−1,−1)要大。也就是说,只有合作才能实现共赢。当贸易保护主义搞得两败俱伤的时候,各国就会下定决心,打破僵局,走到一起,签订合作协议。那时候,我国出口必定会迎来一个崭新的局面。

三、绿色贸易壁垒的是与非

我国的绿色发展必然会遇到绿色贸易壁垒。绿色贸易壁垒通常是进出口国为保护本国生态环境和公众健康而设置的各种保护措施、法规和标准等，是对进出口贸易产生重要影响的一种技术性贸易壁垒。它是国际贸易中的一种为了保护有限资源、环境和人类健康，通过制定一系列严格的环保标准，限制或禁止外国商品进口的一系列措施。实质上，绿色贸易壁垒是以保护世界资源、环境和人类健康之名，行贸易限制和制裁措施之实。有人认为，绿色贸易壁垒是国际贸易保护主义的表现，是一些国家为了达到贸易保护的目的而设置的，因此应该完全反对。我们认为，不论设置绿色贸易壁垒的动机如何，它的实施从客观上来说确实对绿色发展有好处，应该泰然面对。

（1）绿色贸易壁垒表面的合理性。现代社会人们对生存环境和生活质量的要求越来越高，会很自然地关注环境问题、食品安全问题，对可能对环境和健康带来危害的商品和服务表现出高度的敏感性，迫切需要政府对环境、食品以及进口商品进行严格地监管。尤其是在这次全球性新冠肺炎疫情中发现，病毒不仅可以通过飞沫传染，还可以通过进口冻鱼冻肉或其他产品传播，这就更让人们认识到进口监管的重要性。设想一下，如果病毒来袭，仅仅限制人员流动而不对进口商品进行严格监管，怎么能够避免疫情的大面积扩散呢？绿色贸易壁垒能够满足人们的这种需要，所以具有表面的合理性。有人仅看到绿色贸易壁垒对自己出口的限制，而没有看到它同时也限制了有害商品的进口。若西方发达国家不制定内外有别的双重标准，通过绿色贸易壁垒，自己的商品别人用着放心，别人的商品自己用着也放心，有什么不好呢？而且，绿色贸易壁垒不像配额和许可证管理措施那样,想给你就给你,不想给你就不给你,没有什么道理好讲;而绿色贸易壁垒措施是相对公开透明的,只要符合条件就放行,对谁都一样,相对来讲也是比较公平的。有人讲,发展中国家技术和发展水平低,很难达到条件,因此对发展中国家不公平。我们认为,在暂时无法改变"游戏规则"的情况下,我们要积极利用好绿色贸易壁垒这把双刃剑,合理利用其带来的积极影响,制定完善应对策略,化解其产生的消极影响。

(2)绿色贸易壁垒的合法性。绿色贸易壁垒虽然属于非关税壁垒的范畴,但其不同之处在于绝大多数的非关税壁垒不是通过公开立法来加以规定和实施的,而绿色贸易壁垒措施则是以一系列国际国内公开立法作为依据的。20世纪70年代以来,国际社会通过有关国际组织及国际会议先后制定了许多多边国际环保协议、规则。这些国际环保协议和规则在形成国际环保习惯法以及在对国际贸易造成冲击和影响方面,起着不可忽视的重要作用。目前世界上最重要、最有权威的国际多边贸易条约是GATT和WTO两个文件,GATT第20条授予了各国"环保例外权";WTO在《技术性贸易壁垒协议》的前言中也规定"不能阻止任何成员方按其认为合适的水平采取诸如保护人类和动植物的生命与健康以及保护环境所必须的措施"。由此可见,不论哪个国家采取严格的绿色贸易壁垒措施,从法律的角度看都是无可非议的。

(3)绿色贸易壁垒保护内容的广泛性。绿色贸易壁垒保护的内容十分广泛,不仅涉及与资源环境保护和人类健康有关的商品的质量,还涉及这些商品的生产和销售方面,而且对那些需要达到一定的安全、卫生、防污等标准的工业制成品也产生巨大压力。因此,绿色贸易壁垒对很多国家的绿色发展产生了深远的影响,起到了示范性的标杆作用。它可以倒逼我们的企业,为了能够出口,不仅要注意商品质量,还要注意生产商品的过程,注意生产环境、供货单位以及每一个生产的环节。过程如果不注意,可能结果就会出问题。绿色贸易壁垒还可以激励我们的企业高标准严要求,放弃粗放式的生产方式,大力进行加工贸易的转型升级,加强核心技术的研发,从劳动密集型和资源密集型向资本、技术密集型出口过渡。这样,绿色发展就不仅是某一个企业的事,也是所有企业的事、整个社会的事。大家共同努力,才能实现绿色发展的目标。

第六章　绿色发展的产业、路径与新发展理念

绿色发展涉及的问题很多,限于资料和能力,我们这一章只选择三个问题来讨论:一是绿色发展中的环保产业;二是绿色发展的路径和形态;三是新发展理念中的其他理念。

第一节　绿色发展中的环保产业

一、环保产业的概念与分类

绿色发展离不开环保产业。环保产业就是环境保护产业,指的是能够提供具有环境保护、污染控制、生态保护与恢复等功能的产品与服务的企业群体。环保产业大致可以分为以下几类:(1)公共环保产业。该产业主要用于防止、治理和恢复公共环境的破坏,如污水处理、空气净化、噪声控制等。(2)治污技术产业。该产业主要用于污染治理技术开发、设备制造、药剂研究、标准制定等。(3)废弃物利用产业。该产业主要用于

废弃物的回收、分类、提纯、再制造和使用等。(4)绿色产品生产和销售产业。绿色产品又称环境友好产品,指的是资源消耗少、不会造成环境污染、不会对人类健康带来危害的中间产品及最终产品。(5)环境服务产业。该产业包括环境咨询、监测、诉讼、休闲旅游等。

二、环保产业的特征

1. 环保产业是弱势产业

环保产业之所以是弱势产业,除了起步晚、成本高、见效慢等原因外,还因为人们对它的需求缺乏弹性,环保产业越发展,它的收入却越低。如图6-1,横轴 OQ 表示环保产品的数量,纵轴 OP 表示环保产品的价格,D是它的需求曲线。因为随着生活水平的提高,人们对环保产品越来越重视,所以它的需求缺乏弹性,需求曲线 D 比较陡直。S_1 是环保产品原来的供给曲线,它与 D 相交于 E_1,决定了原来环保产品的均衡价格为 OP_1,均衡数量为 OQ_1,环保产业的收入为矩形 $OQ_1E_1P_1$ 的面积。环保产业发展以后,环保产品的供给曲线右移到 S_2,S_2 与 D 相交于 E_2,决定了这时环保产品的均衡价格为 OP_2,均衡数量为 OQ_2,环保产业的收入为矩形 $OQ_2E_2P_2$ 的面积。显然,$OQ_2E_2P_2$ 的面积<$OQ_1E_1P_1$ 的面积,表明虽然环保产业发展了,但它的收入却下降了。

2. 环保产业是高科技产业

环保产业的运行对技术有高度的依赖性,比如对污染物成分的分析、对大气成分的分析、对特定污染物的治理方法,以及清洁生产技术、绿色产品生产技术、废弃物再利用技术、新能源开发技术等,哪一项都是高科技。很多技术我们都不过关,需要从国外引进。很多人以为,环保产业就是街道卫生保洁的产业,需要什么技术?他们其实理解错了,街道卫生保

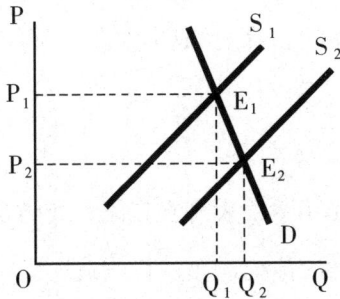

图6-1 环保产业是弱势产业

洁只是环保产业最外围的部分,它的核心部分无一不涉及到高科技。我们从环保产业的分类中就不难看出这一点。有一本书叫《环保产业与高新技术》,里面介绍了环保产业的很多技术,如垃圾焚烧处理与污染防治技术、铬盐清洁生产新技术、超滤技术、微生物处理废水新技术等。仅垃圾焚烧技术就不是一把火那么简单,需要研究垃圾焚烧产生的烟气有什么成分,它对环境有什么影响,如何控制有害物的产生等。垃圾处理本来是为了保护环境,如果技术不过关,反而会破坏环境。

3. 环保产业提供了公共产品

公共产品具有非竞争性和非排他性,很多环保产品尤其是公共环保产业提供的产品就具有这两个性质。比如某个环保企业通过努力使某条河水变清洁了,清洁了的河水谁都可以享用,不用竞争,这是非竞争性;没有给环保企业交费也可以享用,这是非排他性。于是问题就来了:既然不交费用可以享用,我为什么要交费? 这就有了"搭便车者"。有了第一个"搭便车者",就会有第二个、第三个……"搭便车者"多了,环保企业的成本得不到补偿,就会关门,河水又会变得污秽不堪。有人说,该环保企业不会对享用洁净河水的人收费吗? 怎么收? 它又不像高速公路那样,可以在路口设卡收费。人们随时在河水的任何一处都可以取水享用,环保企业又不能设立那么多的收费处(成本太高)。再说,人家会说这条河又不是你挖的,你凭什么收费?

4. 环保产业具有带动作用

环保产业的带动作用主要表现在以下几个方面:(1)通过制度制约型带动机制对污染环境的传统产业进行改造。比如,政府要求污染企业进行改造,有的企业说它们产业特殊,缺乏相应的技术和设备;现在环保产业提供了治污的技术和设备,企业就没有借口了。于是政府就可以通过制度要求所有的企业都要这样做,这样全行业的技术改造就可以顺利进行。(2)通过产业关联型带动机制带动已有产业的扩大和新兴产业的形成。比如,废弃橡胶是仅次于废弃塑料的高分子污染物,对废弃橡胶的回收和利用原来只是翻新,后来发展为再生胶和胶粉的制造。(3)通过社会需求型带动机制创立新兴的绿色发展产业。比如,我国对土地的需求十分旺盛,同时又有很多的废弃土地存在。环保产业可以通过废弃土地复垦,建立家庭农场、农业生产合作社,实现土地的规模化经营。(4)通过成本效益型带动机制促进治理污染由被动防御性投入向主动生产性投入转化。被动防御性投入就是只花钱治污却无法从中受益,它的成本高效益低;主动生产性投入就是环保产业通过专业攻关和技术创新,从废物中提取有价值的成分,实现外部成本内部化,从而降低治污成本,提高治污效益。

三、政府促进环保产业的措施

由于环保产业具有以上特征,因此政府应该对它进行扶持。扶持的办法主要有以下几种。

1. 政府奖励

政府奖励政策主要用于奖励为减少资源消耗和环境污染有突出贡献的科学研究和创造发明,同时用于鼓励公众参与绿色发展与环境保护的举动。在西方发达国家,政府奖励成为推进全社会参与环境保护事业的重要激励机制。例如,日本很少有捡废品的,那如何进行资源的回收呢?日本大阪市对社区、学校等集体回收报纸、硬纸壳、旧布等发放奖金。他们还在全市设立 80 多处牛奶盒回收点,并发给牛奶纸盒卡,盖满回收图章后可凭卡免费购买图书;市民回收 100 只铝罐或 600 个牛奶盒可获得 100 日元奖励。我国有不少捡废品的,但也出台了鼓励减少资源消耗和环境污染的政府奖励办法。2002 年,国家环保总局设立了"环境保护科学技术奖"。2003 年,国家环保总局首次组织开展了"国家环境保护百佳工程"评奖活动。

2. 税收优惠

不少发达国家为了保护环境、节约资源,已经实施了各种税收优惠政策,促进废弃物资源化产业。例如,美国亚利桑纳州颁布的法规中,对分期付款购买可用再生资源及污染控制型设备的企业可减销售税 10%。日本对废塑料制品类再生处理设备在使用年度内,除了普通退税外,还按取得价格的 14% 进行特别退税。我国也已在《国家鼓励产业目录》、《国务院关于进一步开展资源综合利用的意见通知》等法规性、政策性文件中,发布了一系列税收优惠政策鼓励环保产业的发展。

3. 政府采购

政府采购是支持环保产业的一个重要渠道。美国几乎所有的州都有对使用再生材料的产品实行政府优先购买的相关政策和法规,联邦审计人员有权对各联邦代理机构的再生产品购买进行检查,对未能按规定购买的行为将处以罚金。我国的政府采购没有相应的要求,国家作为最大的"消费者",每年的政府采购量可占到 GDP 的 10%～15%,如果能优先采购使用再生材料的产品,那将对环保产业产生巨大的影响。

四、关于环保产业发展的建议

1. 合理建设核电站

苏联切尔诺贝利核电站和日本福岛核电站悲剧的发生,无论是对人类还是对任何地球生物,造成的打击都是致命性的。并且核灾难所造成的影响往往要持续几十年,甚至上百年才能完全恢复。核泄露事故对人类而言,负担太过沉重。但我们是否要"因噎废食"? 2011 年后,核电的安全性问题在国际、国内引起高度重视,于是中国所有内陆拟建核电项目被叫停,桃花江核电厂也不例外。桃花江核电站位于湖南省益阳市桃江县的荷叶山,资水南岸。资水流入沅江,从洞庭湖汇入长江。核电站需要充足的水源用作冷却并排放微量带有放射性的废水,在沿海地区建设核电站可以利用海水,在内陆地区则最好建在江河湖泊附近。桃花江核电项目的推动可以带来巨大的利益:该项目征用的 3000 亩山地,原来只有毛竹和杂树,没有税收。如果 6 台核电机组建成投产,每年可给当地政府提供税收 7 亿～8 亿元,连续 40 年会有 300 多亿元的税收。这对于尽快脱贫致富的欠发达省份来说,既是天时地利的天赐良机,更是经济上弯道超车的"强心剂"和"核动力"。但是,事情都有另一面,我们要如何保证核电站的安全性? 我国的核电技术起步较晚,但在十几年的核电研发中,我们始终将研发重点放在提高核电站安全性方面。在清华大学带头研制下,国内已经突破了高温气冷堆示范电站技术,可以充分避免核泄露悲剧的发生。在球床模块高温气冷降温技术的加持下,摆脱了安全问题困扰的核电会得到合理的推广。

2. 组建自来水和污水处理联合企业

经济学里有个概念叫范围经济,指的是在相同投入下,由一个单一的企业生产联产品比多个不同的企业分别生产这些联产品中的每一个单一产品的产出水平要高。联产品是指不同的产品之间存在某种生产上的联系,如卡车和客车、汽油和柴油等。自来水公司和污水处理公司之间也有联产品,比如水质的检验分析、管道的铺设维修、水源地和污水出水口的选择等。它们还是一个利益共同体:自来水用得多了,需要处理的污水就多;污水排放口离自来水进水口近了就会影响自来水质量等。它们还有一个共同的性质:都属于环保产业,都对社会有正的外部性,都需要政府财政补贴。所以,将自来水公司和污水处理公司合并起来,组建自来水和污水处理联合企业,既可以发挥范围经济的作用,为居民提供上下水一条龙服务;又可以将经过处理的污水更好地利用起来,节约水资源;还可以将污水处理费加到自来水费当中,减轻政府的财政负担。

先说范围经济。自来水公司和污水处理公司都要铺设管道,过去是你挖一条沟铺设自来水管道,我挖一条沟铺设污水管道,他再挖一条沟铺设雨水管道。现在可以统筹安排,只挖一个通道把三个管道都铺设了,上面是自来水管道,中间是污水管道,下面走雨水,工作人员还可以进去统一检修和维护,人力物力都节省了,也可以避免一下大雨城市就成了一片汪洋的情况。过去自来水公司有个水质检验室,污水处理厂有个水质检验室,环保局还有个水质检验室;现在可以将前两个检验室合并起来,节省了人力物力,也便于环保局的监督。

再说水资源的利用问题。过去自来水被用于冲马桶、浇树和草坪,很浪费;现在两个公司合并了,经过处理的污水就可以用于冲马桶、浇树和草坪,水资源就节约了。过去自来水公司希望人们多用水,它可以多收水费;现在合并了,联合企业有了共同的利益,自来水用得多了需要处理的污水也就多,它就会想办法帮助用户解决跑冒滴漏的问题,以减少自来水的使用。

最后说把污水处理费加到水费当中去的问题。其实,把污水处理费加到水费当中是发达国家常用的办法。在德国,市民用水每立方米费用为7.5马克,其中2.5马克归自来水公司,5马克归污水处理公司,污水处理公司又将所得款项的1/3拨给污水处理厂,2/3拨给污水管道系统。北京市从2002年起,开始在自来水价格中征收水资源费,居民用水价格中包括了上缴市财政的水资源费。但水资源费和污水处理费的性质是不一样的:水资源费是使用水资源的费用,它要上缴给财政,不都是给污水处理和管道公司的;污水处理费则是应该给污水处理公司的。我们认为,把自来水公司和污水处理公司合并起来,由联合企业统一收取水费和污水处理费,等于是将污水处理费加到水费当中去了,这样就能使联合企业有一个稳定的收入来源,政府的财政负担也可以因此得以减轻。

3. 收取城市居民垃圾处理费

收取城市居民垃圾处理费也是发达国家常见的收费形式,它为环保产业提供了稳定的资金保障,也促使人们尽量减少垃圾产生。美国一项研究表明,如果对每袋32加仑的垃圾收取1.5美元的费用,将使城市垃圾数量减少18%。平狄克和鲁宾费尔德合著的《微观经济学》专门对这个问题进行了讨论,他们认为,只要废物的处理对消费者和生产者都没有成本,社会就将处置太多的废料。[①] 而对废物处理收费则可以减少社会

---

① [美]罗伯特·平狄克、丹尼尔·鲁宾费尔德:《微观经济学》,李彬译,中国人民大学出版社1997年版,第514—518页。

需要处置的废料。他们还用模型来说明这个问题。

如图 6-2 所示,横轴表示家庭处理的废料(比如玻璃)数量,最高为每星期 12 磅,纵轴为成本。MC 为废料的边际私人处理成本,MSC 为废料的边际社会处理成本。随着废料处理量的增加,MC 和 MSC 都在上升,但 MC 的上升速度比 MSC 要慢得多。MCR 为废料再生利用的边际收益(书中将其译为边际成本,似有不妥),MCR 之所以向右下方倾斜,是因为纵轴表示成本,成本低收益就大,12 磅垃圾都处理完了收益最大,这时成本为零。MCR 与 MC 的交点确定了这时的废料处理量为 m_1。如果收取废料处理费,收费标准由 MSC 和 MCR 的交点来确定,虚线为 MC+每单位偿还额,它与 MC 平行,过 MCR 和 MSC 的交点,与 MC 的距离就是每单位废料的收费额。MCR 和 MSC 的交点所确定的废料处理量为 m',$m'<m_1$,说明收取废料处理费以后废料处理量减少了。

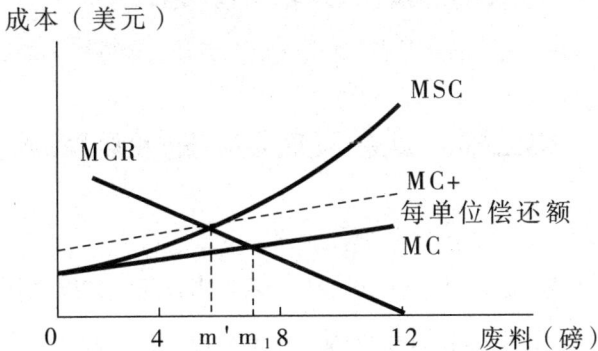

图 6-2　废料处理费的标准与效果

对城市居民不仅应该收取垃圾处理费,还应该按不同类别来收取:可再生的零收费,不可再生的低收费(收费高了就会产生偷扔垃圾的现象)。这样,一方面能够保证城市垃圾处理公司的收入;另一方面则能够使居民养成节约资源并将垃圾分类投放的习惯。因为垃圾分类后可以少交费,混在一起则只能按不可再生的处理,就要多交费了。垃圾分类对居民有好处,对垃圾处理公司也有好处。不分类是垃圾,分类就是资源。现在我国很少有城市实施垃圾收费制度,很多城市垃圾还没有分类,一些城市垃圾分类了但都是免费投放的。应该在这个基础上逐步规范化,没有分类的要分类,免费的要收费。国外实施这项制度面临很多困难,因为它们没有封闭式的住宅小区,不得不搞押金或路边收费的办法。所谓押金,就是居民购物要交押金,消费完了把空瓶子、空包装盒交还给商店再退回押金。路边收费就是社区派专人在路边垃圾堆放点对个人的垃圾以重量(或体积)按比例收费。这些都很麻烦。我国城市居民大多居住在住宅小区里,有专门的物业公司,实施这个制度相对比较容易。2022 年,国务院办公厅转发《关于加快推进城镇环境基础设施建设的指导意见》,其中就提到全面落实生活垃圾收费制度,推行非居民用户垃圾计量收费,探索居民用户按量收费,鼓励各地创新垃圾处理收费模式。

第二节　绿色发展中的路径选择

绿色发展有两条路径:一条是从高梯度地区向低梯度地区按顺序推移;另一条是无序的,或由低梯度地区向高梯度地区跨越。我们认为前者具有一般规律性。

一、梯度推移和反梯度推移理论

1. 梯度推移理论

梯度推移理论是将生产布局学和产品周期理论结合起来的产物。在生产布局学里,梯度被用来在地图上表现地区之间的经济发展水平的差距,以及由低水平地区向高水平地区过渡的空间变化历程。梯度图是这样编制的:首先在每个基层行政单位的中心,标出该地区的人均国民收入(或别的经济指标)数;然后,把数值相同的点用光滑的曲线连接起来;最后,经过比较,标出高、中、低不同的梯度。梯度图类似于地形图,不过一圈圈表示的不是海拔,而是经济发展水平。从图 6-3 中可以看到,按经济发展水平来划分,可分为高梯度地区、中梯度地区和低梯度地区三类。我国海拔的梯度是从东南沿海向中部地区、西部地区逐步升高,而经济发展的梯度则刚好相反,从东南沿海向中部地区、西部地区逐步降低。

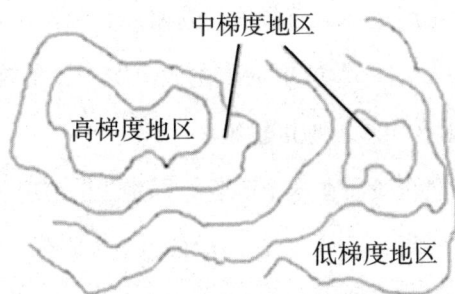

图 6-3 区域经济发展的不同梯度

梯度推移理论来源于产品周期理论。产品周期理论认为,产品是有生命周期的,它的一生要经历初创、成长、成熟、衰老四个阶段。

第一阶段:初创阶段,即产品的研制和开发阶段。在这一阶段,产品生产的技术尚未成形,研发费用在成本中占较大比重。对于发达地区来说,由于劳动力相对稀缺,所以寻找节约劳动力的生产方法是他们从事技术创新的主要动因。因为发达地区拥有较多的科技人员和较高的科技水平,所以能集中大批高素质的科技人员从事研发工作。由于资本相对丰富,所以发达地区能在研发设备上投入大量资本,并且承担风险的能力比较强。正因为这些原因,发达地区成为新产品输出地区。由于初创时期研发成本很高,所以新产品的价格也比较高,贫困地区买不起,买卖主要发生在少数发达地区之间。

第二阶段:成长阶段。当产品进入成长阶段以后,技术已经确定下来并被普遍采用,新进入的厂商不会受限于技术,因此企业之间的竞争比较激烈。为扩大生产和销售,企业投入大量资本,于是生产由技术密集型转变为资本密集型。由于发达地区资本充裕,所以产品将主要由发达地区向中部地区扩散。

第三阶段:成熟阶段。在这个阶段产品已实现了标准化,并普及到广大市场中,厂商的生产达到最佳规模。这时原材料与劳动工资是最主要的成本,尤其是低工资的劳动,成为本阶段决定产品价格的最重要因素。产品开始由中部地区向贫困地区输出。

第四阶段:衰老阶段。在这个阶段一方面由于出现了新产品,新产品在性能、品质等方面具有优势,老产品的价格大大降低;另一方面,在贫困地区有很多廉价原材料和劳动力,老产品及其生产便大量涌入了贫困地区。

区域经济学者将梯度的概念与产品生命周期理论结合起来,创造了梯度推移理论。其主要观点是:(1)区域盛衰取决于产业结构。区域经济的盛衰主要取决于产业结构的优劣,而产业结构的优劣又取决于主导产业的性质。如果一个地区的主导产业是朝阳产业,则说明这个地区不但当下经济发展实力雄厚,未来一个时期仍能保持住发展的势头。这种地区因此被列入高梯度地区。如果一个地区的主导产业是夕阳产业,则该地区经济发展必然缓慢,或已陷入危机之中。这种地区属于低梯度地区。（2）创新活动按梯度逐步推移。创新活动,包括新产业部门、新产品、新技术、新的生产管理与组织方法大多发源于高梯度地区,然后随着时间的推移和产品周期的变化,按顺序逐步由高梯度地区向中梯度地区和低梯度地区转移。这中间可能出现跨越,就是创新活动从一个高梯度地区像"蛙跳"一样越过一些低梯度地区直接到了另一个高梯度地区,但很少可能从高梯度地区越过中梯度地区直接到了低梯度地区。这是因为梯度不仅表明了收入水平的差距,也是接受新事物能力的差距。只有中梯度地区才有能力接受并消化发源于高梯度地区的创新部门和创新产品,才有能力把这些产品更广泛、更深入地销售到各自控制的市场中去。而低梯度地区尽管有这个愿望,却缺乏这个能力。如果不顾收入水平和接受能力的差距,想一下子就由高梯度地区跨越到低梯度地区,很可能欲速则不达,走更多的弯路。

2. 反梯度推移理论

梯度推移理论引入我国以后,引起了理论界的争论。大部分人还是赞成梯度推移理论的,但有一种观点认为,梯度推移理论必然会阻碍落后地区的开发建设,使落后地区只能亦步亦趋跟在先进地区后面前行,永远赶不上先进地区。这同社会主义经济布局的基本要求是矛盾的,也同世界新技术革命给落后国家、落后地区带来的跨越发展的机会不相适应。现有生产力水平的梯度顺序,不一定就是引进和采用先进技术和经济开发的顺序。引进和采用先进技术只能由经济发展的需要和可能来决定。只要经济发展需要,而又具有条件,就可以引进先进技术,进行大规模开发,而不管这个地区处于哪个梯度。低梯度地区也可以直接引进和采用世界最新技术,然后向中梯度地区、高梯度地区进行反推移。这是反梯度推移论。

还有一种观点认为,技术的空间推移可分为三种类型:一是纯梯度式,二是纯跳跃式,三是混合式。这三种形式都是存在的,但在不同时代、不同国家,三者作用的大小不同。在生产力水平低下的时代,由于空间推移的规模很小,速度很慢,这时梯度推移的作用明显;随着生产力的发展,特别是运输、通讯手段的现代化,技术空间推移的规模大大扩大,推移的速度大大加快,这时跳跃式就起作用。在同一个历史时期内,在发达国家,跳跃式占优势;在不发达国家,梯度式占优势。这种观点被称为并存论。

我们认为,梯度推移理论讲的是大多数情况,并不排斥个别技术发源于低梯度地区,再向中梯度、高梯度地区转移。反梯度推移理论讲只要经济发展需要,而又具有条件,就可以引进和采用先进技术。那么这个经济发展需要和条件又是由什么决定的? 还是由经济发展的梯度决定的。处在什么梯度,就会有什么样的需要和条件。没处在那个梯度,就产生需要和条件,这只是个别情况、偶然现象,不能作为规律。

二、梯度推移与跨越模型

二百多年前,法国科学家居维叶创立了灾变学说,用以说明地层断裂、大陆海洋的变迁这些突变现象。他说,微小的作用力即使连续作用数百万年也不可能产生诸如阿尔卑斯山那样的岩层断裂和倒转。但后来,人们发现了大量连续变化引起突然作用的事例,如1969年英国物理学家安德鲁斯发现,可以不经过沸腾而通过一系列中间过渡状态就由液体变成气体。尽管如此,真正从理论上搞清楚连续变化引起突然变化的机制问题,却不是一件容易的事情。不过,这个问题终于解决了。有趣的是,它首先不是在物理学或别的学科解决的,而是在数学学科解决的。

　　人们早已掌握了连续变化的数学工具——微分方程,也掌握了描述不连续变化的数学工具——概率论。那么,如何来描述那些界于连续变化与不连续变化之间的过程呢? 这类问题虽然棘手,但在化学、生物学乃至社会科学中又十分常见。终于,法国数学家托姆的专著《结构稳定性与形态形成学》于 1972 年问世,它标志着突变理论的正式诞生。

　　突变理论研究了自然连续变化引起突变的机制,并试图用统一的数学模型来把握它们。托姆经严格推导,证明了一个重要的数学定理:当那些导致突变的连续变化因素少于四个因素时,自然界形形色色的突变过程都可以用七种最基本的数学模型来描述,它们分别是折叠型、尖点型、燕尾型、蝴蝶型、双曲型、椭圆型和抛物型。这些模型具有高度的概括性和普适性,已引起了数学家、哲学家、自然科学家和社会科学家的广泛关注。我们这里仅用其中的一个模型——尖点模型。

　　我们知道,水由液态变为气态有一条途径,就是把它加热到 100℃,让它沸腾。还有没有别的途径呢? 有的,就是控制温度、压力等参数,让水避开沸腾过程由液态连续地变为气态。这两条途经可以用图 6-4 的尖点模型来表示。

　　这个模型像一张纸窝了一个圆的折叠,这个折叠越往里越尖,有个尖点 Q,该模型由此而得名。折叠中间表示密度的不稳定区,其余曲面表示密度的稳定状态。上叶密度大,为液态;下叶密度小,为气态。水由液态变为气态有两条路:一是加热到 100℃,使其密度值经过不稳定区一下子跌到气态区域;二是控制好温度压力,使其密度值绕过不稳定区,连续地变化到气态区域。

　　根据同样原理,我们可以用尖点模型描述一下区域经济的梯度变化过程。如图 6-5 所示,曲面上每一点表示不同的生产力水平,曲面由高

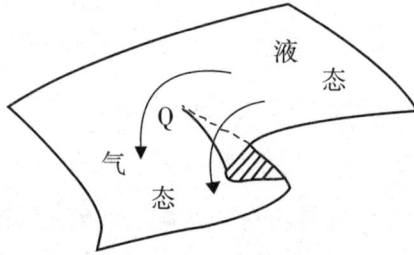

图 6-4　水相变的尖点模型

到低,表示所处的梯度由高到低。中间也有个光滑的折叠,折叠中间表示生产力的不稳定状态,其他部分是稳定状态。产品生产由高梯度地区到低梯度地区有两条途径:一条是梯度推移,表示随产品周期的变化,产品生产由高梯度地区按顺序经过中梯度地区,然后到低梯度地区。这中间绕过了尖点,是个平稳的变化过程。另一条是梯度跨越,即产品生产由高梯度地区不经过中梯度地区,直接到达低梯度地区。这中间要经过不稳定区域,是个飞跃。

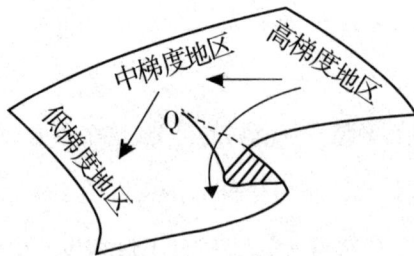

图 6-5　梯度推移和梯度跨越

有人会想:既然可以梯度跨越,为什么还要梯度推移呢? 处在低梯度地区的人们渴望很快改变落后面貌的心情是可以理解的,但梯度跨越的代价是很沉重的,需要慎重考虑。梯度跨越的一个代价就是动荡,因为它要经过一个不稳定区域。

图 6-6 是图 6-5 在平面上的投影,其中带尖点 Q 的阴影部分是不稳定区域。梯度推移的路径是 ABC,它绕过了不稳定区域,所以比较平稳;梯度跨越的路径是 AC,它涉入了不稳定区域,所以比较动荡。低梯度地区本来不具备接受高梯度地区的高新技术的能力,如果为了政绩硬要引进高新技术项目,不仅解决不了当地比较突出的就业问题,反而会因为挤占了当地比较紧缺的资本资源,影响经济的稳定发展。

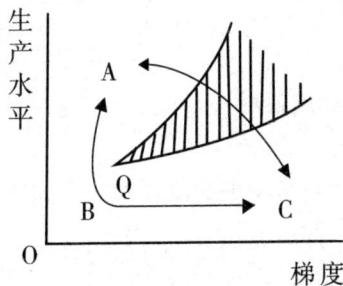

图 6-6 梯度跨越的不稳定性

梯度跨越的另一个代价是容易产生过热现象和过冷现象。过热现象和过冷现象是许多跨越过程都出现的现象,例如我们用纯净水做实验,并排除振动等干扰,就可以知道水在常压下并不是加热到 100℃ 就沸腾,而是要超过 100℃;水蒸气在常压下并不是温度到达 100℃ 就会冷凝,而是要低于 100℃。图 6-7 是图 6-4 的一个截面,描述了这两种情况。

经济社会梯度跨越的过热现象主要表现在浮夸风和重复建设上。高梯度地区上什么项目,低梯度地区也要上,往往因缺乏竞争力而被迫下马。为了弥补损失,又要采取过冷措施,如"一刀切"。我国曾出现 1958年"大跃进"的过热现象,十几年就要"超英赶美",造成国民经济比例严重失调。紧接着就是三年困难时期的过冷现象。这些现象都是因为急于跨越的政策失误导致的。

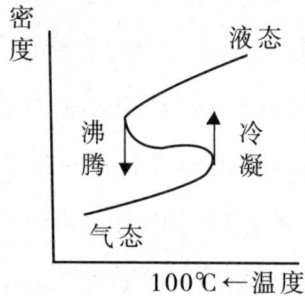

图 6-7　过热与过冷现象

三、绿色发展的梯度推移

绿色发展的路径和经济发展的路径是一致的,因为发展是硬道理,绿色只是它的一个约束条件。我们之所以认为我国的绿色发展是从东部地区发源,然后向中部地区、西部地区按顺序渐进式推移,有以下几个原因。

一是因为东部地区经济比较发达。一方面,东部地区经历了先发展后治理的过程,资源浪费和环境污染问题比较严重;另一方面,东部地区人们的生活水平高,对环境和健康问题比较重视。这样一来,绿色发展既有需求又有供给,很快就形成了共识。生态文明和物质文明是对立统一的关系,没有物质生产,就没有生态文明;没有生态文明,物质文明又失去了约束。只有两个文明相互促进、相互约束,才能共同发展。东部地区具备了这个条件,所以就有了绿色发展。习近平同志在浙江工作期间,敏锐地发现了这个问题,适时地提出了"绿水青山就是金山银山"理念,为解决问题找到了正确的途径。这个理念逐渐深入人心,从东部地区向中部地区、西部地区逐渐扩散,推动了全国走向绿色发展的道路。

二是因为绿色发展需要制度保障和经济保障,而这都是和一个地区的制度水平和经济发展水平相联系、相匹配的。经济发展沿着从东部到中部再到西部的路径展开，绿色发展也只有沿着这个路径展开，才能水到渠成、瓜熟蒂落。只有经济发展到一定程度，人们的环境意识才能得以强化，人们才能把对美好生活的向往转化为行动自觉。21世纪初，笔者到新疆伊犁州的企业考察，一个浙江海宁的皮革企业介绍他们的污水处理装置。当时新疆要求还不严，完全可以把污水排到戈壁滩上去，可他们没有这样做，实在令人佩服。

三是绿色发展是个新生事物，道路坎坷曲折，只能"摸着石头过河"，容不得跨越或抄近路。西部有的地区提出了"跨越式发展"的口号，之所以鲜有成功的案例，就是因为这样要冒很大的风险，要在环境上作出很大的牺牲和让步。所以，绿色发展一定是循序渐进的，而不是突飞猛进的。

四是西部地区不能再走资源依赖的老路，也不能再走先发展后治理的老路。东部地区依赖的资源是不可移动的，如沿海、近江的地理优势，可以节省交易成本。西部地区拥有的资源大多是可移动的，如石油、煤炭。这样的资源容易让人产生依赖心理，从而忽视本身素质的提高和产业结构的升级换代。先发展后治理的机会成本也很高，污染起来很容易，治理起来却很难。应该认真接受东部地区和中部地区的经验教训，走出一条西部绿色发展的新路子。

第三节 新发展理念中的其他理念

党的十九届五中全会提出的新发展理念，包括创新、协调、绿色、开放、共享这五个方面。它们既是独立的，各有不可替代的功能，又相互渗透,紧密地联系在一起,形成了一个完整的体系,如图 6-8 所示。这一节我们将分别阐述共享发展、协调发展、开放发展和创新发展理念。

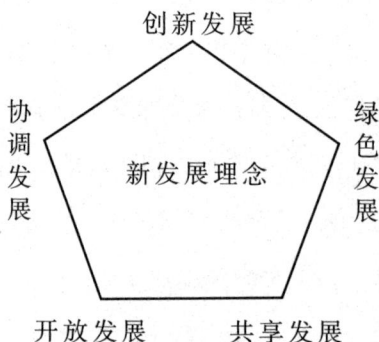

创新发展

协调发展

新发展理念

绿色发展

开放发展　　　共享发展

图 6-8　新发展理念体系

一、共享发展理念

共享发展主要解决的是社会公平正义问题。所谓共享,顾名思义就是说发展的成果不能只是少数成员享有,也不能只是大多数成员享有,而是社会全体成员共同享有,一个都不能少。

1. 共享不是平均享有

共享不是发展成果由社会全体成员平均享有。我们已经吃够了平均主义大锅饭的苦头,不能再吃二遍苦、受二茬罪。平均主义损害了人们提供劳动、资本、土地和企业家才能的积极性,而这些生产要素供给不足,会导致发展成果这块大饼越做越小,每个社会成员分到的也只能越来越少。所以,发展成果只能根据每个社会成员在社会财富创造中所提供的生产要素的多少来分配,不仅是多劳多得,而且是多资多得、多地多得、多能多得。如果仅仅是多劳多得,人们提供资本、土地和企业家才能的积极性就会受到影响,而这些要素的提供也是创造社会财富的必要条件。在市场经济条件下,生产要素的价格是由供给与需求来决定的,当某种要素供过于求时价格就低,提供这种要素的社会成员的收入就低;当某种要素供不应求时价格就高,提供这种要素的社会成员的收入就高。于是在市场的调节下,生产要素就会向最缺乏、最需要的地方流动,资源就能得到有效的配置。但与此同时,人们的收入差距也显现出来了。这不是坏事,能对市场起到激励的作用。只要市场交易是公平的,不存在强买强卖等不正当竞争现象,那么这种收入差距就是公平的,不存在谁剥削谁、谁压迫谁的问题。但如果这种收入差距过大,出现了两极分化,就会对社会公平和正义提出挑战。这个问题市场无法解决,必须依靠政府出面,通过税收、政府补贴等方式予以调节。

2. 教育和医疗的共享是最大的共享

社会成果的分配主要是由生产要素的供求关系决定的,但社会上总有一些成员由于种种原因不能提供任何生产要素,比如正在接受教育的学生,或正在接受治疗的病人。他们是不是就不能享受发展成果了呢?不是。如果是的话就不叫共享了。这时候需要政府出面给这些社会成员以补助。我们现在用一个模型来说明,政府给教育和医疗的补助,比对所有行业的平均补助更能提高社会福利水平。

在图 6-9 中,横轴表示对教育与医疗的补助,纵轴表示其他补助。AB 是原来的生产可能性曲线,CD 是给所有人平均补助后的生产可能性曲线,BE 是向教育和医疗倾斜后的生产可能性曲线。AC=BD=CE,表明将给所有行业平均补助的那部分补助给教育和医疗,U_1、U_2、U_3 是分别与 AB、CD 和 BE 相切的社会无差异曲线。由于教育和医疗每个人都能享受得到,又是社会发展必要的条件,所以社会无差异曲线靠近教育医疗轴。由于 U_3 比 U_2 和 U_1 更远离原点,表明政府的补助向教育和医疗倾斜,比平

199

其他

D

B

U₁ U₂ U₃

O   A   C   E 教育医疗

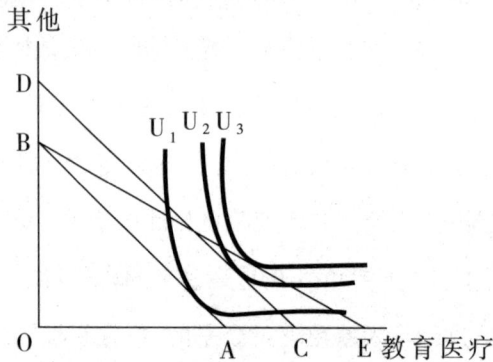

图 6-9　教育与医疗共享

均补助和不补助的社会福利水平更高。

我们说教育和医疗的共享是最大的共享,第一是因为教育能提高人的素质,提高人的生产能力,而医疗能够保障人的身体健康,维护人的生产能力。这次新冠肺炎疫情沉重地打击了世界经济,主要经济体的 GDP 都出现了负增长,只有中国是正增长,这要得益于中国强大而完善的医疗保障体系。第二是因为教育和医疗的共享是社会最公平的共享。因为现代社会每个人都会接受教育,每个人都会生病,政府加大对教育和医疗的补贴,每个人都会从中受益。当然,由于每个人的禀赋和身体素质不同,受教育和生病的机会不同,享受的补贴也会不同,但多少都能享受得到,这就是共享的本来含义。

3. 共享的类型与边界

绿色发展的成果如果是公共物品,那么共享是没有问题的,因为公共物品具有非排他性和非竞争性。如果不是公共物品,那么共享就有一个前提,那就是对发展成果进行分配时,要使各方的利益都有所增加,而不是减少或不变。

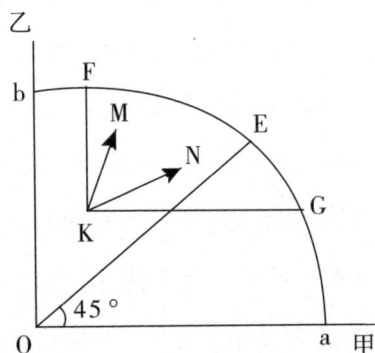

图 6-10　共享的类型与边界

在图 6-10 中，假设某个社会由甲和乙两个人组成，横轴表示甲的利益，纵轴表示乙的利益，ab 是现有制度条件下的利益可能性边界，OE 表示利益平均线，K 表示现实的利益分布点，则由 K 点到直角扇面 KGF 中任何一点均为社会利益的帕累托改进。比如从 K 到 M，两人的利益都有所增进，只不过乙的利益增加得多，甲的利益增加得少。又如从 K 到 N，两人的利益也都有所增进，只不过甲的利益增加得多，乙的利益增加得少。但是从 K 到 G（或 F），表明甲（或乙）的利益增加了，但乙（或甲）的利益并没有增加，虽然也是帕累托改进，却表明乙（或甲）没有享受到成果，不能称为共享。所以，KG、KF 是共享边界。我们要避免跨越共享边界，使每个人都能享受到社会进步的胜利果实。

共享不仅有边界，还有不同类型。因为 KM 离平均利益线 OE 越来越远，表明两人的收入差距越拉越大，称之为发散型共享。因为 KN 离平均利益线 OE 越来越近，表明两人的收入差距越拉越小，称之为收敛型共享。因为实现共同富裕、缩少贫富差距是社会主义的目标，所以政府应更多地支持收敛型共享。比如从 2005 年以来，政府每年都给退休人员增加退休金,这就是共享。但是,由于企业退休人员的退休金较少,事业单位退休人员的退休金较多,如果都按同样的比例增加退休金,就会使差距越拉越大。比如一个企业退休人员的退休金是每月3000元,一个事业单位退休人员的退休金是每月6000元,如果都按5%的比例增加退休金,企业退休人员可增加150元,事业单位退休人员可增加300元,这样差距又拉大了150元。这就是发散型共享。为了做到收敛型共享,企业退休人员应按较高比例增加退休金,事业单位退休人员应按较低比例增加退休金,这样差距才会逐渐缩小。

由于K靠近纵轴,表明乙的利益积累得多,比较富裕;甲的利益积累得少,比较贫穷。所以,甲对收敛型的共享更感兴趣,对发散型的共享则缺乏兴趣,但还可以接受。达到或超过KG则不行了,所以KG也被称为甲的底线。那么能不能由此推断KF是乙的底线呢?还不能这么说,这是因为乙本来就比较富裕,与甲的差距拉大并不符合自身的长远利益,所以会愿意在一定条件下将自己的利益与甲分享。这种分享可能暂时会使乙的利益受损,所以不属于帕累托改进,但因为对社会的整体利益有好处,乙也因此可以从中得到某种补偿,所以可称之为卡尔多-希克斯改进。

二、协调发展理念

协调发展主要解决经济发展不平衡的问题,而这主要是由地区差距引起的。经济发展之所以不平衡,主要原因是一些地区拥有沿海沿江等地缘优势,而另一些地区则没有这些优势。所以在同样的制度条件下,我国东部地区发展就快,西部地区发展就慢。要想解决发展不平衡的问题,除了西部地区自己的努力以外,中央政府还需要对西部地区予以扶持,使各地区实现协调发展。但由于中央政府所掌握的资源也是有限的,所以要采取适当措施促进东部地区与西部地区的合作,以减轻政府的压力。

地区之间的合作与地区差距有密切的关系,差距比较小的,合作比较容易;差距比较大的,合作比较困难。这是因为,差距比较小的,合作双方都能获利,每一次合作都是一次帕累托改进,双方合作的积极性就高;差距比较大的,富裕地区就很难在合作中获利,合作的积极性就低。有一句话说"穷在闹市无人问,富在深山有远亲",意思就是说,如果是个穷人,即使住在闹市里也没人会搭理他;如果是个富人,即使住在深山老林也会有人来和他攀亲戚。而我国的东部和西部地区,有的地区差距比较大,有的地区差距比较小,所以中央政府要区分不同情况,花大力气促进差距比较大的地区的合作,把好钢用在刀刃上,以降低协调成本,提高协调效率。

如图 6-11 所示,横轴 OA 表示东部地区的利益,纵轴 OB 表示西部地区的利益,ab 是利益可能性边界,OD 是平均利益线,它们交于 D 点。OG 和 OC 是收入差距线,两线中间表示两个地区的差距小,合作容易;两线以外表示两个地区的差距大,合作困难。DH 和 DV 是帕累托改进线,它们分别与 OA 轴和 OB 轴垂直,两线中间表示未来能够通过帕累托改进消除差距,两线以外表示未来不能通过帕累托改进消除差距。这样,两条收入差距线 OG、OC 和两条帕累托改进线 DH、DV 就将整个空间分成三类:一类是自由合作区,它包括 OFD 和 OED。在这个区域的差距小,又能通过帕累托改进消除差距,所以中央政府不用操太多的心,它们自己可以通过"自由恋爱"找到合作对象。另一类是困难区,它包括 OHF、FGD、EDC 和 OEV。这个区域的差距虽然比较大,但能通过帕累托改进消除差距;或者可以通过税收等办法加大对贫困地区的支持力度,缩小地区差距。还有一类是分裂区,它包括 HaGF 和 VECb。在这个区域两地的差距很大,又不能通过帕累托改进消除差距,如果任由市场来选择,它们是很难合作的,就会表现出分裂倾向,需要中央政府特别关注,采取特殊的政策。

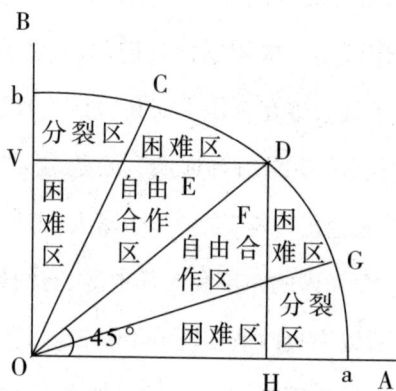

图 6-11　合作的不同区域

对口支援是以中央政府为主导,经济发达地区对贫困地区实施的一对一的援助。2008 年"5·12"特大地震后,中央发布《汶川地震灾后恢复重建对口支援方案》,全国 18 个省市以"一省市帮一重灾区市县"的制度分别对口支援四川、甘肃、陕西严重受灾的县市,使灾区经济很快恢复和发展起来。借鉴此模式,2010 年 3 月 30 日,全国对口支援新疆工作会议在北京闭幕,新疆维吾尔自治区的 80 余个贫困县,获得了来自全国 19 个省区市的对口支援,地方经济发生了很大的变化。

不论是绿色发展还是协调发展,发展都是硬道理,它可以使很多问题迎刃而解。如图 6-12 所示,发展可以使可共享的利益扩大,利益可能性边界 ab 向外扩展到 a′b′,相应的帕累托改进线 DV、DH 也向外移动到 D′C 和 D′G,于是分裂区 HaGF 和 VECb 可以分别进入到困难合作区 OaG 和 OCb,而困难合作区 FGD 和 EDC 也可以分别进入到自由合作区 OGD′

和 OD′C。这样一来,发展不平衡的问题虽然不能说是得到彻底解决,但至少是得到了部分的解决。

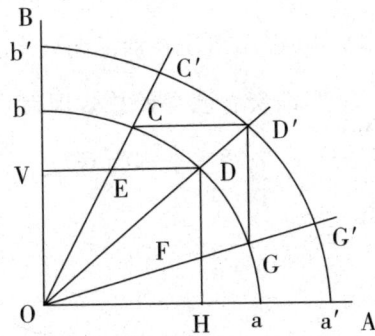

图 6-12　发展是硬道理

三、开放发展理念

开放发展就是拆除障碍,让商品、服务和生产要素能够在国家之间、地区之间流动。流水不腐,户枢不蠹,可见流动的重要性。各种生产要素就像血液一样,只有流动起来才能使机体充满活力。这里,我们以资本流动为例,来说明开放发展的重要性。

1. 资本流动使居民的效用水平提高

对于一般人来说,不希望消费水平大起大落,穷的时候穷死,富的时候富死,而希望消费水平有个平稳的提升,实现效用的最大化。资本的流动能帮我们实现这个目标。

如图 6-13 所示,横轴 OC 表示随时间推移的消费水平,纵轴 OU 表示总效用水平,T_u 为效用曲线,它先升后降,反映了边际效用递减规律。任何一个国家或地区的经济发展总有好的时候和不好的时候,不好的时候消费少,为 OC_1;好的时候消费多,为 OC_3。这样,两个时期的效用水平

205

分别为 C_1A_1 和 C_3A_3，平均效用水平即为 C_2B，C_2 为 C_1C_3 的中点。资本流动以后，如果经济不好，该地区可借入资本，即出售未来商品以换取现在商品，从而使消费水平保持在 OC_2 上，消费者获得的总效用为 C_2A_2；经济好转时，该地区可借出资本，即出售现在商品输入未来商品，这样也可以使消费水平保持在 OC_2 上，消费者获得的总效用为 C_2A_2。因此，不论经济如何波动，两个时期的平均效用水平都为 C_2A_2，比没有资本流动时的平均效用水平高出 BA_2。

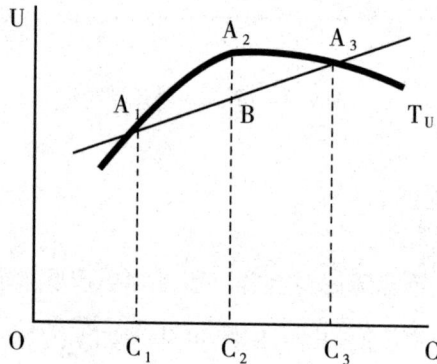

图6-13　资本流动与效用水平

2. 资本流动使边际产量增多

资本流动会对两国或两地的经济发展产生怎样的影响呢？在图6-14中，O_A 和 O_B 分别是 A 国和 R 国的原点，横轴 O_AO_B 的距离表示两国的总资本存量，纵轴 O_AM 和 O_Bm 分别表示 A、B 两国资本的边际产量，MN、mn 分别表示 A、B 两国的资本边际产出曲线，它们分别向右下和左下方倾斜，反映了边际收益递减规律。

起初，两国资本市场没有开放，借贷活动仅限于国家内部。B 国由于资本稀缺，资本的供给只能达到 O_BQ，收益率因此高达 QU，其产量为梯

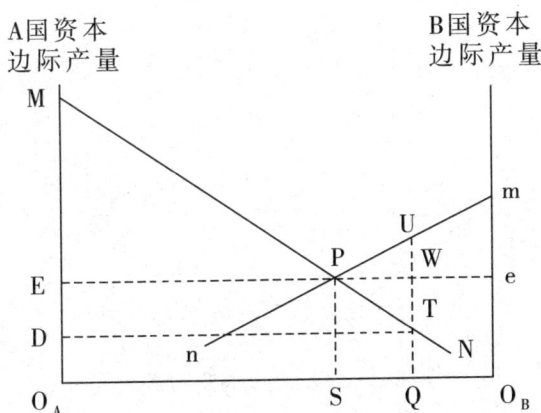

图 6-14　资本流动与边际产量

形 O_BmUQ 面积；A 国由于资本丰裕，资本的供给达到 O_AQ，收益率被压为 QT，其产量为梯形 O_AQTM 面积。后来，两国资本市场开放，由于 B 国资本收益率高，吸引 A 国部分资本流入，于是 B 国资本增加，最后在 MN 和 mn 的交点 P 达到新的均衡。这时 B 国产量增至 O_BmPS，A 国产量减到 O_ASPM。比较 A、B 两国产量的变化，可以发现资本流动使得两国的资本总产量尽增 $\triangle PTU$。A 国投资人因收益率由 QT 提高 SP 到而获利，B 国投资人因收益率由 QU 降低到 SP 而受损。A 国资本总产值虽然减少，但投资人的收入却增加了 SQWP，大于其产值损失的 SQTP。同时，B 国的收入也增加了 $\triangle WUP$。总之，资本流动使流出地产值减少，流入地产值增加，资本总产量增加了。同时，资本流动使流出国资本所有者收入增加，流入国资本所有者收入减少，总的国民收入增加了。

3. 资本流动可以部分替代商品流通

假设 A、B 两个国家生产 X、Y 两种产品，X 为资本密集型产品，Y 为劳动密集型产品，两国只使用劳动力和资本两种要素，且两国的生产函数相同，A 国资本充裕，B 国劳动充裕。

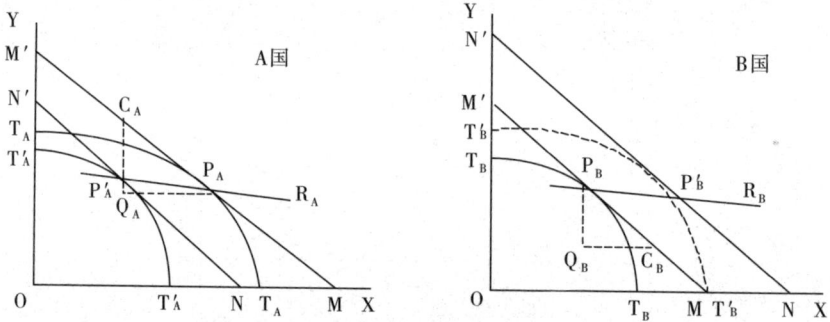

图6-15　资本流动与商品流通

在图 6-15 中，T_A 是 A 国的生产可能性曲线，由于 A 国资本充裕，而 X 是资本密集型产品，所以 T_A 倾向于 X 轴；T_B 是 B 国的生产可能性曲线，由于 B 国劳动充裕，而 Y 是劳动密集型产品，所以 T_B 倾向于 Y 轴。根据要素禀赋理论，A 国向 B 国输出 X 输入 Y；B 国向 A 国输出 Y 输入 X，两国在 MM′ 线所示的相对价格下实现均衡。这时 MM′ 与 T_A 切于 P_A，与 T_B 切于 P_B。$\Delta P_A C_A Q_A$ 是 A 国的贸易三角形，表示 A 国输出 $Q_A P_A$ 输入 $Q_A C_A$；$\Delta P_B C_B Q_B$ 是 B 国的贸易三角形，表示 B 国输出 $Q_B P_B$ 输入 $Q_B C_B$。$\Delta P_A C_A Q_A \cong \Delta P_B C_B Q_B$，所以两国同时实现均衡，资源得到最优配置，福利水平也达到最大，资本流动的动因不存在。

假如这时出现了贸易壁垒，B 国对 A 国输入的 X 进行限制，导致 X 价格上升，刺激 B 国的生产增加。由于 X 是资本密集型产品，所以其产量的增加势必导致资本价格上涨，吸引 A 国资本向 B 国流动，于是 A 国的生产可能性曲线收缩到虚线所示的 $T_A′$，B 国的生产可能性曲线扩张到虚线所示的 $T_B′$。在原来的相对价格水平下，两地分别在 $P_A′$ 和 $P_B′$ 达到均衡。比较两种新均衡，发现 A 国的产量减少了，B 国的产量增加了。这是否会造成福利分配上的差距呢？不会的，这是因为 B 国的产量虽然增加了,但其中相当于 M′N′ 单位的 Y,或相当于 MN 单位的 X,是要以资本报酬的形式交付给 A 国的。由此可见,资本流动可以部分替代商品流动,在有关国家对商品流动加以限制的情况下,资本流动可以使保护主义措施部分地失去意义。

四、创新发展理念

在党的十九届五中全会提出的创新、协调、绿色、开放、共享五大发展理念中,创新发展处于核心地位。改革开放 40 多年来,我国经济快速发展主要源于劳动力和资源环境的低成本优势。进入发展新阶段,我国在国际上的低成本优势逐渐消失。与低成本优势相比,创新具有不易模仿、附加值高等突出特点,由此建立的创新优势持续时间长、竞争力强。实施创新发展战略,加快实现由低成本向创新优势的转换,可以为我国持续发展提供强大的动力。

在创新发展中科技创新具有重要意义。科技创新不是简单的线性递进关系,也不是一个简单的创新链条,而是一个复杂的全面的系统工程。这个系统工程有很多主体参与,有很多要素互动。这里主要有两种力量推动了科技创新,一种是作为推动力的技术进步;一种是作为拉动力的应用创新。技术进步是技术不断发展、完善和新技术不断代替旧技术的过程。应用创新就是以用户为中心,注重用户创新,发现用户的现实与潜在需求,进一步提供技术进步的动力。技术进步和应用创新这两个力量可以被看作既分立又统一、共同演进的一对"双螺旋结构",如图 6-16所示。

最能说明创新双螺旋的例子莫过于手机的创新了。由于半导体技术的进步,使手机发展成为智能手机,功能不断增多,应用越来越广,由原来

图 6-16　创新双螺旋

简单的通话、短信,发展成为集摄影、照相、支付、导航、游戏、视频、网购等功能于一体的小电脑。现在人们的生活已经离不开手机了,一机在手走遍天下。随着智能手机的兴起,传统的照相机、报纸、杂志、电视等行业日渐萧条,连小偷都要失业了。这是好事还是坏事有待人们评说,但无可争辩的事实是,创新改变了一切,这是历史潮流,顺之者昌,逆之者亡。

出自科幻作家刘慈欣的小说《三体》中有一句话很霸道:"我消灭你,与你无关"。现实不正是这样吗?尼康退出中国,并不是被同行打败,而是因为毫不相关的行业——智能手机。康师傅和统一方便面销量直线下降,并不是因为其他方便面品牌的崛起,而是因为美团、饿了么等外卖平台的出现。这样的例子不胜枚举,有人将此戏称为:"羊毛出在狗身上,由猪来买单"。它说明,现在的竞争不仅仅局限于同行业,还有别的行业。如果仅仅满足于本行业的竞争优势,而没有看到各个行业之间的紧密联系,就有可能被别的行业的创新所淘汰。

图 6-17 左图与右图表示两个不同的行业,左图所示的行业搞了科技创新,功能不断扩大,应用越来越广,需求曲线由 D_1 向右移动到 D_2,均衡点由 E_1 移动到 E_2,价格由 OP_1 上升到 OP_2,产量由 OQ_1 增加到 OQ_2,收入由 $OQ_1E_1P_1$ 增加到 $OQ_2E_2P_2$。右图所示的行业没有科技创新,原有功

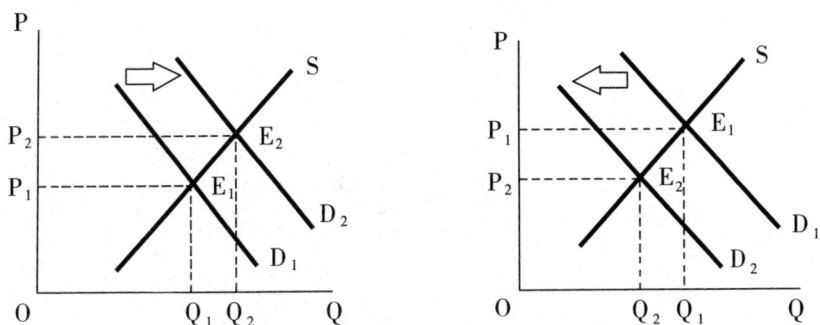

图 6-17　我消灭你，与你无关

能被创新行业的新产品替代，需求减少，需求曲线由 D_1 向左移动到 D_2，均衡点由 E_1 移动到 E_2，价格由 OP_1 下降到 OP_2，产量由 OQ_1 减少到 OQ_2，收入由 $OQ_1E_1P_1$ 减少到 $OQ_2E_2P_2$。于是就出现了"我消灭你，与你无关"的现象。所谓的"无关"，说的是和同行业的竞争无关。这是一种不同行业的竞争，比的就是科技创新。同行业的竞争大多是价格的竞争，打价格战，你大放血我跳水价，被称为"红海战略"；现在讲的是"蓝海战略"，就是放弃传统行业，到一个新的领域去打拼，那里才能海阔凭鱼跃，天高任鸟飞，大有作为。这种新行业对传统行业的打击也叫作"降维打击"。

参考文献

1.《马克思恩格斯文集》第 9 卷,人民出版社 2009 年版。

2.《马克思恩格斯选集》第 1—4 卷,人民出版社 2012 年版。

3. 习近平:《干在实处 走在前列——推进浙江新发展的思考与实践》,中共中央党校出版社 2006 年版。

4. 习近平:《之江新语》,浙江人民出版社 2007 年版。

5.《习近平谈治国理政》第 1 卷,外文出版社 2018 年版。

6.《习近平谈治国理政》第 2 卷,外文出版社 2017 年版。

7. 中共中央文献研究室编:《习近平关于社会主义生态文明建设论述摘编》,中央文献出版社 2017 年版。

8. 习近平:《共谋绿色生活,共建美丽家园——在 2019 年中国北京世界园艺博览会开幕式上的讲话》,《中国生态文明》2019 年第 2 期。

9. [美]罗伯特·平狄克、丹尼尔·鲁宾费尔德:《微观经济学》,李彬译,中国人民大学出版社 1997 年版。

10. [美]奥利弗·E.威廉姆森:《反托拉斯经济学》,张群群、黄涛译,经济科学出版社 2000 年版。

11. 环境保护部环境与经济政策研究中心编著:《生态文明制度建设

概论》,中国环境出版社 2016 年版。

12. 顾钰民等:《新时代中国特色社会主义生态文明体系研究"绿水青山就是金山银山"》,上海人民出版社 2019 年版。

13. 朱琴芬:《新制度经济学》,华东师范大学出版社 2006 年版。

14. 崔卫国、刘学虎:《小故事大经济》,经济日报出版社 2008 年版。

15. 王永龙:《现代循环经济发展论》,中国社会科学出版社 2009 年版。

16. 崔卫国:《中日比较谈》,经济日报出版社 2014 年版。

17. 厉以宁编:《西方经济学》,高等教育出版社 2015 年版。

18. 崔卫国:《地方政府经济学》,中国财政经济出版社 2017 年版。

19. 李坤望编:《国际经济学》,高等教育出版社 2005 年版。

20. 孙久文等:《区域经济前沿:区域协调发展的理论与实践》,中国人民大学出版社 2020 年版。

后　记

　　本书是笔者承担的中国生态文明研究院"'两山'重要思想引领湖州率先走进中国特色社会主义新时代研究"课题(STJJ004)、湖州师范学院人文社科预研究项目"我国政府责任建设的逻辑起点与实现"(2015SKYY04)的最终成果。本书出版得到湖州师范学院"两山"理念研究院、农村发展研究院、马克思主义学院的友情资助。

　　本书的写作缘起于党的十九届五中全会提出"推动绿色发展,促进人与自然和谐共生"。作为长期从事马克思主义理论研究的教师,除了宣讲理论的重要意义,还需要为新发展阶段贡献理论性思考。本着这种想法,我与多年的良师益友崔卫国教授在相互的学习切磋过程中,萌生了从经济学角度诠释和理解绿色发展理念的构想。想法一经确立,便开始了资料的收集与整理。现在看来,资料整理的过程,其实就是研究立论的过程,也是在这样的一种过程中,我们之间教学相长,由问题的探讨争论,到认识的逐渐统一,经历了一系列思考的正反合;在资料的整理与研究中,我们愈加清晰地认识到,绿色发展理念是建立现代经济体系与实现经济高质量发展的观念与思维革新。有了清晰的理论认识,我与崔教授围绕绿色发展的理论基础、政府作用、制度保障、国民收入、环保产业和路径选择等问题,从经济学的立场出发,试图回答什么是绿色发展理念、为什么进行绿色发展,以及

214

怎样走绿色发展之路等理论与实践问题。研究和写作中，崔教授以他所擅长的数学知识储备，用数学模型论证"绿水青山就是金山银山"，为本书增添光彩。研究的过程，是学习的过程，也是认识不断深化的过程。在研究中，我们逐渐厘清了绿色发展的路径选择，以及绿色发展与政府的行为和责任，逐渐认识到科学合理的制度保障是贯彻新发展理念、构建新发展格局的重要前提。绿色发展注重解决人与自然和谐共生问题。这方面，中国传统文化有丰富的智慧与经验，如"天人相分"与"天人合一"等。由于课题框架所限，对此未能付诸文字，相信这将是笔者下一步思考的方向。

写作与研究是痛并且快乐着的一件事。常常是对一个问题思之再三却难以下笔，有时，又像一泻千里的江河，思考的文字喷涌而出。为此，特别感谢合作者崔卫国教授！从他身上我深刻地认识了应当如何做人，应当怎样做事。感谢我所供职的马克思主义学院！特别是吴凡明教授始终的关心、支持。感谢"两山"理念研究院王景新教授！没有他的关心、关注，不会有本书的顺利出版。感谢我学术成长的港湾——湖州发展研究院！在这里，我遇到了最好的学术伙伴。研究院浓厚的学术氛围和研究风气，对我的科研和人生产生了重要影响。研究院研究所跨学科的组合方式使我受益匪浅。感谢李学功、吴茂念、王锋、李章程和陈剑峰教授！感谢王亚晶、刘佳妮老师！感谢我的家人！没有他们的理解和沉默付出，不会有本书的问世。感谢我的导师顾钰民先生！他是国内马克思主义经济学研究的前沿学者。本书蒙先生赐序，感恩感动！感谢人民出版社马长虹编审！他的学识与认真保证了书稿的规范与质量。

汪　浩

2021 年 12 月于南太湖

责任编辑：马长虹

封面设计：徐　晖

图书在版编目(CIP)数据

绿色发展理念的经济学解读/汪浩,崔卫国 著. —北京:人民出版社,
　2022.2

ISBN 978 − 7 − 01 − 024475 − 4

Ⅰ.①绿…　Ⅱ.①汪…②崔…　Ⅲ.①绿色经济-经济发展-研究-中国
Ⅳ.①F124.5

中国版本图书馆 CIP 数据核字(2022)第 013446 号

绿色发展理念的经济学解读
LÜSE FAZHAN LINIAN DE JINGJIXUE JIEDU

汪浩　崔卫国　著

人民出版社 出版发行
(100706　北京市东城区隆福寺街 99 号)

北京中科印刷有限公司印刷　新华书店经销

2022 年 2 月第 1 版　2022 年 2 月北京第 1 次印刷
开本:710 毫米×1000 毫米 1/16　印张:14
字数:190 千字　印数:0,001−3,000 册

ISBN 978 − 7 − 01 − 024475 − 4　定价:48.00 元

邮购地址　100706　北京市东城区隆福寺街 99 号
人民东方图书销售中心　电话 (010)65250042　65289539